LE MAGNETISME PERSONNEL

Comment développer votre influence sur les autres par la volonté, l'esprit de décision, l'auto-contrôle et la confiance en soi

Valéry Ramponi

LE MAGNETISME PERSONNEL

Comment développer votre influence sur les autres par la volonté, l'esprit de décision, l'auto-contrôle et la confiance en soi

EDITIONS DE VECCHI S.A.
20, rue de la Trémoille
75008 PARIS

Malgré l'attention portée à la rédaction de cet ouvrage, l'auteur ou son éditeur ne peuvent assumer une quelconque responsabilité du fait des informations proposées (formules, recettes, techniques, etc.) dans le texte.
Il est conseillé, selon les problèmes spécifiques – et souvent uniques – de chaque lecteur, de prendre l'avis de personnes qualifiées pour obtenir les renseignements les plus complets, les plus précis et les plus actuels possible.

Traduction de François Basset

Introduction

Certaines personnes réussissent mieux que d'autres à capter l'attention des autres, à éveiller l'intérêt et à établir de façon spontanée un courant de sympathie.

Comment est-ce possible?

La sympathie et l'intérêt en effet, n'ont rien à voir avec la beauté ou avec l'âge.

Il existe des personnes belles mais tellement ennuyeuses et dépourvues de caractère qu'elles paraissent insignifiantes; d'autres, au contraire, quoique plus âgées parfois, sont dotées d'un charme subtil et irrésistible qui capte l'attention et suscite l'admiration de ceux qui les entourent.

On tend souvent à croire que la sympathie est un fluide particulier qui se dégage naturellement d'une personne et que le charme est une chose innée, indépendante de la réalité.

Ce ne sont que des lieux communs car, s'il existe des personnes dotées d'une charge magnétique innée et capables d'attirer ceux qui passent auprès d'elles, il n'en reste pas moins vrai qu'on peut, si on le veut, devenir intéressant et développer son magnétisme personnel au-delà des limites habituelles.

Avec un peu de bonne volonté et par un entraînement permanent, il est possible de changer radicalement sa façon d'être et d'aborder les autres.

Pour y parvenir, il faut développer les forces secrètes présentes dans les recoins les plus cachés de notre personnalité et mettre en valeur ses potentialités par un entraînement constant.
Grâce à ce livre, vous apprendrez comment extérioriser votre magnétisme personnel dans votre vie privée et dans votre vie socio-professionnelle.
En pratiquant ces techniques, vous vous assurerez de l'ascendant, de l'autorité et un pouvoir d'attraction sur ceux qui vous entourent.
Vous apprendrez l'art d'influencer psychiquement, secrètement et silencieusement des groupes de personnes et des individus particuliers.
Vous pourrez réaliser ce que vous espérez de vos rapports avec les autres, car ce guide pratique vous explique de façon claire et concrète l'origine et le développement de vos pouvoirs magnétiques cachés.

Connais-toi toi-même

Chacun sait que des forces capables d'influencer notre corps nous viennent du cosmos; cette énergie, qui nous anime et nous donne la santé, agit de façon positive sur toutes nos activités.
Tous les corps sont soumis à la loi de la gravitation universelle, formulée par Newton, selon laquelle deux corps s'attirent et se repoussent réciproquement en raison inverse du carré de leur distance. Dans les forces invisibles, la solidarité cosmique des parties avec le tout et du tout avec les parties met en évidence le plan d'ensemble d'un même champ de force. Certains savants de la base spatiale soviétique d'Alma Ata ont découvert qu'au-delà du corps physique, que nous percevons par nos sens, chaque être vivant possède un deuxième corps, invisible, qui se présente sous forme d'un champ énergétique.
Grâce à un appareil de leur invention, ces savants sont parvenus à photographier ce "champ" énergétique: il se présente sous la forme d'une substance laiteuse, pareille à une nébuleuse, composée de points plus ou moins lumineux; sa forme correspond à celle d'un corps matériel.
Cette découverte confirme qu'un magnétisme humain correspond au magnétisme terrestre; on peut supposer de ce fait que tout individu possède une certaine charge magnétique plus ou moins active.

Il est donc possible d'émettre et d'envoyer dans toutes les directions le courant vital de l'énergie qui nous anime; ces ondes sont capables d'influencer, même à distance, tout ce qui nous entoure, en le magnétisant.
Une fois réveillées ces facultés inhérentes à chacun de nous, les champs d'action sur lesquels le magnétisme peut agir deviennent innombrables.
Pour exercer un tel pouvoir sur les autres, il faut se servir des énergies qui bouillonnent dans les méandres profonds de l'esprit.
Pour exercer une attraction sur autrui et transmettre ce courant magnétique, il est nécessaire de développer son pouvoir de suggestion.
Seule une forte personnalité peut s'imposer aux autres; une personne faible de caractère connaît rarement ce succès.
En examinant vos attitudes et en surmontant les éléments négatifs qui jouent un rôle d'obstacle ou de frein à la mise en valeur de vos qualités personnelles, vous réussirez à vous doter d'une personnalité magnétique.
Connaître, c'est posséder: en connaissant le processus des choses il est possible d'intervenir sur elles. En comprenant comment l'on est réellement, on peut agir sur soi et contrôler ses pulsions négatives.
Il est important que l'homme connaisse sa vie psychique personnelle et qu'il contrôle ses idées noires, ses instincts, ses émotions, ses angoisses et ses dépressions, facteurs qui nuisent à la manifestation de la charge magnétique. La connaissance des autres est aussi importante que la connaissance de soi: de nombreuses erreurs peuvent être évitées grâce à une meilleure connaissance de ceux avec qui l'on vit.
Dans ses *Souvenirs*, Marc Aurèle, empereur, philosophe et grand connaisseur de la nature humaine, écrit: “Regarde en toi-même; en toi est la source du bien, une source inépuisable que tu trouveras en creusant en toi”.

Caractère et personnalité

Beaucoup considèrent, à tort, la psychologie comme une citadelle inaccessible aux profanes; elle nous offre au contraire des instruments très valables pour sonder notre caractère. L'interprétation et l'enregistrement des qualités et des possibilités particulières de l'individu sont un guide sûr pour promouvoir et régulariser les interactions entre l'individu et son environnement.

L'homme est une unité psychophysique: une modification de son corps correspond toujours à un mouvement de son âme.

Dans l'ensemble des phénomènes spirituels, l'aspect psychique prévaut sur l'aspect physique, alors que dans les phénomènes psychologiques, l'aspect spirituel n'est pas évident; en réalité, les deux séries se confondent en une seule qui se développe perpétuellement et donne naissance à un courant psychologique.

Il constitue notre Moi, ce flux qui articule, qui agit et qui modifie notre vie.

Ce tout, qui rassemble en un même courant psychologique toutes les manifestations de notre individualité, s'appelle la personnalité.

Aucun individu n'est identique à l'autre; chacun se caractérise par un type de constitution auquel sont liés des dispositions, des tendances et des états affectifs (ce que nous

appelons le tempérament) qui constituent le noyau de la personnalité.
"Le tempérament est une entité plus profonde du caractère, car c'est la somme des effets provoqués sur la vie mentale par les mutations métaboliques qui se succèdent continuellement dans tous les tissus du corps", écrit Mc. Dougall. Selon cet auteur, bien qu'il influence la constitution et le tempérament, le caractère est "la somme des tendances acquises et développées dès la naissance sur la base de la nature et du tempérament infantile".
Le terme "caractère" vient du mot grec *charakter* qui signifie empreinte, ce qui est gravé, imprimé. Le mot "personnalité", créé plus tard à l'époque romaine, dérive du mot latin *persona*; il désigna d'abord le masque des acteurs, puis la personnalité des acteurs eux-mêmes. La constitution physique et le tempérament, sur lesquels se fonde le caractère, constituent le noyau et la partie permanente autour desquels la personnalité se constitue.
L'environnement physique, familial, social, les échecs et les succès peuvent influencer la formation du caractère, sans pour autant annihiler les caractéristiques de la constitution et du tempérament où le caractère plonge ses racincs.
Grâce à la caractérologie, il est possible d'étudier scientifiquement et de déterminer de façon précise les différents caractères; ils ont été classés de façon systématique afin de pouvoir être utilisés pour l'étude de la psyché humaine en vue d'agir sur le développement de la personnalité.
En étudiant notre caractère, nous pouvons agir sur nous et développer une personnalité plus forte qui agit efficacement sur les autres.
F. Mounier a écrit: "L'affirmation du Moi est la consolidation d'une réalité remarquable et progressive qui se découvre, s'enrichit et gagne en autorité intérieure.
L'affirmation personnelle se base sur une vie personnelle.

Cette vie trouve sa voie dans la structure interne de la personne. Comme l'atome, l'homme s'articule intérieurement en forces et en mouvement.
A ce sujet, consultez la table des huit types caractérologiques et cherchez quel est le vôtre.

TABLE DES HUIT TYPES CARACTÉROLOGIQUES

Facultés	*Sigle*	*Caractère*
Emotif-non actif-primaire	EnAP	Nerveux
Emotif-non actif-secondaire	EnAS	Sentimental
Emotif-actif-primaire	EAP	Colérique
Emotif-actif-secondaire	EAS	Passionné
Non émotif-actif-primaire	nEAP	Sanguin
Non émotif-actif-secondaire	nEAS	Flegmatique
Non émotif-non actif-primaire	nEnAP	Amorphe
Non émotif-non actif-secondaire	nEnAS	Apathique

Charme et magnétisme

Nous éprouvons tous de l'envie à l'égard de ceux qui possèdent un charme irrésistible, et un magnétisme tel qu'ils attirent tous ceux qui les entourent. Pour éclaircir ce phénomène, référons-nous au sens du mot "charme".
Il vient du mot latin *fascinum*; à l'origine, sa connotation était négative car il exprimait l'influence maléfique qui se dégage du regard des envieux. Il semble que le nom des premières représentations théatrâles latines fort rudimentaires, connues sous le mot "Feschennini", ait une origine étymologique autre que celle qui les associe à la cité étrusque de Fescennio et dérive du mot *fascinum* (mauvais sort); les Romains superstitieux pensaient que ces représentations servaient à éloigner le mauvais sort.
Dans un second temps, le mot prit un sens positif; aujourd'hui, le mot charme se réfère aux dons particuliers d'individus psychologiquement riches, pleins d'énergie et dotés d'une personnalité rayonnante qui attirent fortement grâce à certaines caractéristiques particulières.
Nous avons tous subi, un jour ou l'autre, le charme émané de personnes qui possèdent ce "quelque chose" d'indéfinissable, ce "charisme" particulier, qui subjugue n'importe qui. A certains égards, le charme s'apparente au phénomène de l'hypnotisme. On dit en effet de celui qui tombe sous le charme de quelqu'un qu'il semble "hypnotisé". Et on ne

s'écarte pas de la vérité en comparant les deux phénomènes, car la dynamique des deux processus est identique.

La force magnétique personnelle se développe grâce à un entraînement physique et psychique constant, visant à améliorer les capacités intuitives.

Comme il est sûr que ces capacités sont innées en chacun de nous, notre seul devoir consiste à expliquer comment développer nos possibilités latentes.

Il n'est nul besoin de posséder une habileté particulière pour développer ces forces; l'important est de s'appliquer avec persévérance.

Une personne douée de magnétisme peut exercer trois types d'influence :

a) une action physiologique, appelée "magnétisme animal";

b) une action plus subtile et cachée, effectuée à distance par le biais de la volonté et de la pensée;

c) une action produite par l'aspect extérieur : timbre de voix, démarche, comportement, etc., c'est-à-dire, une action qui agit sur l'esprit des personnes avec lesquelles on désire entrer en syntonie et qui s'exerce par le biais de la parole, du regard et des gestes.

Le magnétisme animal

Pour en revenir au concept de magnétisme, le premier promoteur de la théorie de la force universelle, qu'il appelait "magnétique", ou "magnétisme animal", fut A. Mesmer.

Le "magnétisme animal" est la manifestation d'un fluide universel qui relie tous les corps de l'univers, amenant ainsi à un état d'équilibre général.

L'astronome français C. Flammarion écrit: "L'action d'un esprit sur un autre (...) n'est pas plus extraordinaire que l'action que l'aimant exerce sur le fer, l'attraction de la lune sur la mer, le transport de la voix humaine grâce à l'électricité, la connaissance de la composition chimique d'une étoile par l'analyse de sa lumière, ou que toutes les merveilles de la science moderne. La seule différence est que ces transmissions psychiques sont d'un niveau plus élevé et qu'elles peuvent nous mettre sur le chemin de la connaissance de l'être humain (...) La force psychique existe, sa nature est inconnue".

Nous émettons tous, chacun de façon différente, des ondes cérébrales qui, en se propageant dans l'espace, d'un cerveau à l'autre, influencent le comportement des différentes personnalités. Ceux qui possèdent davantage de cette énergie mesmérienne sont destinés à s'imposer aux autres.

Qu'est-ce que ce magnétisme vital, c'est-à-dire animal, que nous émettons tous? Pratiqué dans l'Antiquité comme ma-

gnétisme curatif, ce phénomène fut associé, à partir du Moyen Age, aux pratiques magiques, et donc proscrit.
A la fin du XVIIIe siècle, le phénomène fut étudié par le médecin allemand Franz Anton Mesmer qui, certain que tout être vivant émet un fluide magnétique, appliqua thérapeutiquement ce magnétisme minéral au moyen d'aimants. Appelé à Paris en 1778, il y connut un succès éclatant. Dans une pièce obscure, les patients se groupaient autour d'une bassine pleine d'eau magnétisée et de limaille de fer; il en sortait des barres métalliques que les infirmes appliquaient eux-mêmes sur les parties malades du corps. Au son d'une musique lente, Mesmer entrait dans la pièce, fixait chaque personne présente dans les yeux, puis il la touchait avec une baguette de fer qu'il tenait à la main. A ce moment, il arrivait souvent que les patients se laissaient aller à des scènes hystériques. Sa méthode suscita autant d'approbations que de désapprobations : une commission gouvernementale de scientifiques fut envoyée contrôler les effets de la théorie magnétique et dressa un rapport négatif, contraignant Mesmer à quitter la France, sous l'accusation de charlatanisme.
Cependant, Mesmer avait attiré l'attention sur cette force mystérieuse qui fut étudiée et expérimentée plus tard par Braid et par d'autres chercheurs, sous les formes de l'hypnotisme, de la suggestion hypnotique et de la suggestion en général.

Suggestion et autosuggestion

La suggestion est un processus psychologique et peut devenir un élément dynamique si l'on apprend à le contrôler avec sérieux et constance.

Bernheim affirme que "toute idée acceptée par le cerveau tend à se concrétiser en acte"; il démontre que les pensées peuvent être des forces puissantes: établies dans le cerveau, le nôtre ou celui d'autrui, elles agissent au niveau de la suggestion.

A ce propos, il suffit de penser aux idées inculquées par les messages publicitaires; le pouvoir suggestif est tellement fort qu'il suffit de faire de la publicité pendant un certain temps pour un certain produit pour que le martellement publicitaire continuel agisse comme un élément dynamique suggestif et nous contraigne ainsi à l'achat du produit en question.

La suggestion peut aussi être produite par la simple formulation de la pensée et de la volonté; cette force est telle que, si elle est bien développée, elle peut donner des résultats remarquables.

Il est possible de l'utiliser au cours de conversations, d'entretiens, de contacts avec les autres; dans ces cas, on doit penser intensément à l'idée que l'on veut transmettre.

Pour réussir, il est cependant indispensable d'avoir une confiance aveugle et inébranlable en soi: plus cette conscience est enracinée en nous, plus les résultats seront immédiats. Nous vous conseillons d'exécuter un exercice de suggestion mentale simple mais efficace, basé sur la concentration de la pensée.

EXERCICE 1
(POUR RENFORCER LES CAPACITÉS DE SUGGESTION)

Que vous soyez au théâtre, au cinéma ou dans le tram, fixez intensément la nuque de l'individu assis devant vous que vous voulez suggestionner. Commandez-lui mentalement et de façon répétée de se retourner et de vous regarder. Si vous vous êtes concentré scrupuleusement, vous verrez qu'après peu de temps, la personne en question commence à s'agiter, ne peut plus se tenir tranquille et, enfin, qu'elle se retourne et vous regarde comme vous le lui avez commandé.

Vous pouvez refaire cette expérience dans la rue, en fixant une personne qui marche devant vous et en lui répétant mentalement, intensément et plusieurs fois de suite le même ordre : "Retourne-toi!".

Ne vous découragez pas si vous n'obtenez pas de résultats immédiats. Il vous faudra vous entraîner avant d'obtenir des résultats positifs; vous avez besoin d'entraînement pour améliorer vos capacités de concentration qui ne sont manifestement pas assez développées.

L'"autosuggestion" est liée au nom du docteur Emile Coué (1875-1926) qui, comme Mesmer, accomplit ses expériences dans une atmosphère imprégnée de charge émotive. On dit qu'il réussissait à soigner des fibromes et la turberculose par la suggestion.

Parlant de la suggestion, Coué écrivait : "Elle agit sur l'imagination qui est l'élément dominant et qui à son tour influence toutes les fonctions de notre organisme...".

Qu'entend-on par "suggestion"? On peut la définir comme "l'action d'imposer une idée au cerveau d'une autre personne".
Existe-t-il une telle force dans la réalité?
En fait, la suggestion n'existe pas en tant que telle; elle existe à condition qu'elle se transforme dans le sujet en "autosuggestion"; par ce terme, on entend "le fait d'inculquer une idée à soi-même par l'intermédiaire de soi-même".
Nous parlerons de l'autosuggestion et des expériences de Coué de façon approfondie à la fin de ce chapitre. Nous nous référerons continuellement à l'autosuggestion dans nos exercices pour développer cette charge magnétique qui vous rendra maître des personnes et des situations.
Les Anglais définissent la suggestion sous le terme d'"affirmation", dans la mesure où quelque chose s'affirme résolument par rapport à nous-mêmes.
"L'homme est ce qu'il pense", dit un aphorisme, affirmant ainsi qu'il est possible de provoquer en nous, par suggestion, des idées de force, de grandeur et de pouvoir; peu à peu, ces idées s'enracinent en nous, et se consolident au plus profond de notre être.
Chaque soir, répétez-vous cet ordre: "Je n'ai pas d'hésitations dans mes rapports avec les autres et avec moi-même; je suis en train de discipliner les mouvements de mon âme et de dominer tous mes conflits intérieurs".
Gardez toujours à l'esprit que les exercices d'autosuggestion s'exécutent seul, dans une pièce isolée et à l'abri des bruits importuns.
Il est préférable de vous entraîner le soir, au lit, juste avant de vous endormir, de façon à ce que le subconscient, stimulé par votre formule d'autosuggestion, commande à votre conscient la volonté ferme et énergique d'aller dans la direction voulue.

Exercice 2
(Pour renforcer l'autosuggestion positive)

Relaxez-vous et gardez les yeux fermés, murmurez sans vous forcer, de façon mécanique et continue, une des phrases suivantes ou une autre de votre choix, selon le but que vous voulez atteindre:
"J'ai confiance en moi, j'ai confiance en moi, etc.". Ou bien: "Je suis calme, je suis calme, etc.".
Répétez les phrases pendant une certaine période, avec la conviction absolue que vous obtiendrez ce que vous désirez. Pour bien réussir, il est important de ne commencer que lorsque vous êtes psychologiquement convaincu de pouvoir poursuivre la méthode jusqu'à son terme, sans vous laisser abattre par les premières difficultés inévitables. Ne vous effrayez pas, ne vous laissez pas prendre par le découragement ou les tensions si vous n'obtenez pas de résultats immédiats: ces exercices demandent une application constante. Des efforts supérieurs à vos possibilités ne sont pas requis: effectuez-le avec confiance, optimisme et naturel. Celui qui est capable de résister, persévérer dans son travail et lutter jusqu'à l'obtention du but final, montre qu'il possède une personnalité forte, consciente et mûre.
Si vous persévérez, vous verrez qu'une fois les difficultés initiales dépassées, vous progresserez rapidement sur la route qui vous permet d'accroître vos forces magnétiques et d'obtenir "tout cuit" le succès mérité.
Un proverbe latin affirme: *Non multa sed multum*: peu de choses, mais beaucoup de la même chose.
La persévérance et la répétition des exercices vous aideront à atteindre les buts que vous vous êtes fixés.
Même si l'auto-éducation peut être une dure bataille contre vos vieilles habitudes, même si vous vous laissez prendre dans son engrenage, vous comprendrez que tous vos efforts

visent à donner une tonalité plus vibrante et plus enthousiasmante à votre vie et le désir d'aller de l'avant, de poursuivre pour gagner la victoire nécessaire sera plus fort que vous. Voici maintenant quelques lignes consacrées aux expériences et aux techniques de Coué.

Pour Coué, représentant de l'école de Nancy, toute suggestion est une autosuggestion et cette dernière peut être utilisée pour soigner non seulement les maladies psychiques mais aussi les maladies organiques.

Baudin, une de ses disciples fidèles, affirme que son maître était en mesure de soigner par l'autosuggestion des fibromes et la turberculose.

La suggestion peut être définie comme la réalisation subconsciente d'une idée en elle-même. Autrement dit, la réalisation de l'idée que le sujet s'est autosuggérée se produit à l'insu du sujet.

Il existe deux types de suggestion: spontanée et réfléchie (autosuggestion), ou bien procurée (hétérosuggestion).

La condition psychologique nécessaire à l'autosuggestion est l'intensité de l'idée.

Une opinion que nous entendons sans jamais l'analyser rationnellement est emmagasinée dans notre inconscient et devient peu à peu une opinion qui est nôtre.

L'idée d'un sentiment ou d'une sensation de plaisir ou de douleur tend à devenir ce sentiment, ce plaisir ou cette douleur.

Quand nous lisons, par exemple, un livre de médecine, au fur et à mesure que nous avançons dans la lecture, nous pensons présenter de nombreux symptômes de la plupart des maladies dont le livre parle. Ressentir un sentiment, c'est déjà commencer à l'éprouver.

Selon Pascal, on devient chrétien en faisant perpétuellement le signe de la croix avec de l'eau bénite. L'idée fixe est une passion (le mot latin *pati* signifie "rester passif à").

Contrôlez toujours vos pensées et ne laissez pas les idées maléfiques se transformer en suggestions négatives.
Comment peut-on écarter les idées nocives? Grâce à la suggestion réfléchie. Quand une idée est désagréable, on peut en provoquer une autre en évoquant des représentations mentales positives. L'"idéoplastique" (Ochorowicz), qui est l'art de représenter des scènes grâce à l'imagination, de façon qu'elles se concrétisent dans la réalité, fut considérée par Paracelse comme une véritable magie.
Nous sommes généralement comme des aimants trop faibles pour pouvoir attirer ce que nous voulons. Nous devons alors apprendre à aimanter fort. Il faut tendre à une éducation de l'imagination, trouver un état où l'effort volontaire est capable de fixer pendant un certain temps une pensée de l'esprit. Cet état fut appelé "effleurement du subconscient" par Coué et Baudin. On peut l'atteindre par la relaxation physique et spirituelle. Baudin conseille le "recueillement"; par ce mot, il ne fait pas allusion à la méditation mais à la relaxation totale. Par elle, il est plus facile de faire venir au conscient l'idée des modifications souhaitées.
Deux types d'autosuggestion sont particulièrement utiles: l'autosuggestion au réveil et l'autosuggestion au moment de s'endormir; cette dernière est très précieuse car elle utilise l'action bénéfique du sommeil. "La concentration est le carrefour où se croisent deux routes opposées: l'attention et la relaxation", écrit Baudin; elle implique en même temps l'habitude de rester attentif et celle de se relaxer.

Exercice 3
(Pour améliorer la concentration)

Pour immobiliser l'attention, on doit se servir d'une représentation mentale: on peut évoquer par exemple le bruit d'une cascade, le bruissement des feuilles, etc.

Dans le vide mental ainsi formé, on évoque alors l'idée qui constitue l'objet de nos suggestions.
Il faut synthétiser l'idée en une phrase que l'on doit répéter à voix haute ou en remuant à peine les lèvres. Baudin observe que l'on peut exemplifier l'autosuggestion par une brève formule : "Je suis bien", et qu'il est toujours possible de s'entraîner à l'isolement, même dans un endroit plein de monde.
La concentration doit être pratiquée régulièrement matin et soir.

La volonté

Les qualités de l'homme magnétique — l'équilibre, le calme, la maîtrise de soi et la confiance en soi — peuvent toutes être améliorées par l'exercice de la volonté. Vous devez donc cultiver votre personnalité, en calmant les tendances moins louables et moins appréciables.

Il ne suffit pas de désirer une chose pour l'obtenir: il faut s'y donner à fond, avec volonté et méthode; seule cette façon permet de ressentir la joie incomparable qui provient d'une bataille vaincue, d'un but atteint. Chaque but atteint sert ensuite de point de départ pour commencer un nouveau cheminement, une nouvelle tentative, une nouvelle action.

C'est en vous que vous devez trouver la force et la persévérance pour parcourir la route qui vous portera au succès.

Votre principale tâche est d'éduquer la volonté car elle peut vous épauler en n'importe quelle situation: il ne faut pas vous laisser aller à la torpeur qui tend à s'emparer de vous.

A propos de Napoléon, Emerson écrivit: "Il ne gagnait jamais par hasard, mais ses batailles étaient déjà gagnées dans son esprit, avant de l'être sur le terrain".

Il est très important d'éduquer la volonté qui, lorsqu'elle est plus énergique et plus sûre, établit une force illimitée de rayonnement en vous et sur ceux qui vous entourent.

En développant la volonté, vous pourrez faire tout ce que vous voudrez: diriger vos idées vers les objectifs établis au préalable, en ayant la certitude de les atteindre, maîtriser tous vos actes et canaliser de façon positive toutes vos énergies.

Si vous ne fortifiez pas votre volonté, vous ne serez pas capable d'orienter votre vie dans un sens heureux et positif; il est en effet impossible que vous puissiez attirer les autres si vous n'êtes pas capable de vous diriger vous-même.

N'oubliez pas que, dès l'Antiquité, la personnalité magnétique des chefs, des meneurs et des hommes célèbres était basée sur une volonté inébranlable et sur un désir très puissant de s'élever.

Fortifier la volonté est fondamental; il sera ensuite plus facile de vaincre.

Avec son "Veux, veux toujours, veux très fort", V. Alfieri nous a donné le plus bel exemple de force de caractère; lorsque l'homme veut, il peut accomplir n'importe quelle entreprise et rien ne peut absolument l'abattre ou le démoraliser.

Ce qu'on ne peut atteindre par la qualité, on peut l'obtenir par la persévérance, la goutte d'eau qui parvient à creuser la pierre la plus dure.

Celui qui ne sait pas résister aux obstacles qui entravent la poursuite de son idéal, ni considérer sereinement les difficultés de façon à pouvoir les dépasser, prend une attitude mentale qui l'oblige, dès le début de son effort, à penser qu'il n'est pas capable. Alors, il se décourage, s'effraie et croit — à tort — qu'il n'est pas capable de parvenir à la victoire.

Les batailles de la vie doivent toujours être affrontées avec courage; on ne doit pas reculer devant elles : plus elles sont dures, plus fort sera le goût de la victoire.

Par l'énergie, la constance et la confiance, on réussit toujours à triompher de tous les obstacles. L'entraînement de la volonté réclame de l'effort, mais sachez que les satisfactions les plus fortes, qui laissent une impression inoubliable, sont celles qui sont obtenues avec difficulté.

Vous trouverez dans ce livre différents exercices d'autosuggestion qui, au premier abord, vous sembleront stupides et inutiles, alors qu'il est important de les exécuter avec persévérance et méthode.

Nous avons déjà fait allusion à l'importance de la méthode autosuggestive, en soulignant qu'une idée répétée plusieurs fois peut se fixer dans notre esprit jusqu'à agir sur nos fonctions et se réaliser.

La répétition et la persistance réveillent et développent peu à peu les forces encore latentes en nous.

Entraînez-vous chaque jour et avec sérieux: l'application constante, tenace et patiente est l'instrument le plus efficace pour éduquer la volonté. Ne vous laissez pas effrayer par de possibles difficultés de départ.

Commencez à rendre votre volonté active pour leur faire face et pour les dépasser.

N'oubliez pas que seule une volonté très forte permet d'exercer une action large et une influence sûre sur les autres; n'oubliez pas non plus que vos ennemis les plus acharnés sont le doute, le scepticisme et le manque de confiance, autant d'impressions négatives et destructrices. Laissez au contraire l'enthousiasme s'emparer de vous, c'est le ressort qui déclenche la volonté; avec l'espoir, c'est la force qui anime l'homme, le levier qui fait bouger le monde.

Voyons maintenant comment l'on peut exercer la volonté.

La psychologie nous enseigne que l'acte volontaire passe par quatre phases.

1. La pré-représentation ou l'imagination, qui fait naître en nous l'idée d'accomplir une certaine action.

2. La réflexion par laquelle nous évaluons les raisons qui peuvent favoriser ou entraver notre acte.

3. La décision par laquelle nous établissons s'il est efficace de réaliser l'idée de cette façon.
4. L'exécution de l'acte pour pouvoir arriver au but que l'on s'est fixé.

La volonté est donc un choix qui réclame l'engagement de toute la personnalité; il est nécessaire de la renforcer à plusieurs reprises au cours de ces quatre phases.
Voyons comment.

L'imagination

Si vous manquez d'imagination, vous devez essayer de vous autostimuler, de débrider votre fantaisie défaillante ou limitée, par des stimuli appropriés.
Laissez votre pensée se lancer et planer librement dans le monde inexploré qui palpite dans votre imagination, de telle sorte que les images affluent vivantes, impétueuses et palpables.

Exercice 4
(Pour libérer l'imagination)

Fixez un objet, par exemple un porte-clés, et pensez aux émotions subtiles qu'il suscite en vous, aux différents usages que vous pouvez en faire, à une histoire imaginaire basée sur cet objet, ou sur n'importe quel autre objet que vous aurez choisi.
Vous devez essayer de provoquer une réaction en chaîne d'images se succédant; si elles vous semblent étranges et insolites, ne vous en préoccupez pas car tout cela sert à enrichir votre imagination et à lui laisser libre cours.

Exercice 5
(Pour libérer l'imagination)

Faites semblant d'être le protagoniste d'une histoire et construisez mentalement une aventure fictive.
Insistez sur ces mécanismes; ils vous permettront de laisser libre cours à votre activité cérébrale.
N'oubliez pas de réduire en mille morceaux les éléments qui forment vos images et de les recomposer ensuite en de nouvelles représentations.
Si au contraire, vous avez trop d'imagination, vous devez essayer d'équilibrer harmonieusement les effets de votre imagination créatrice féconde.
L'excès aussi peut créer des dommages, car le plus souvent, quand l'esprit divague et se laisse distraire trop facilement, on assiste à une dispersion des idées.
A la limite, une telle dispersion peut détourner l'attention du programme initial.
Comment fixer l'attention?

Exercice 6
(Pour renforcer l'attention)

Lisez une page d'un livre quelconque et mémorisez-la dans les moindres détails; aussitôt après avoir fermé le livre, essayez de répéter le plus précisément possible ce que vous venez de lire.
Ce simple exercice vous apprendra à ne pas disperser votre énergie mentale en l'empêchant de se laisser aller à des conjectures qui n'ont rien à voir avec ce que vous faites actuellement.
Nous vous conseillons particulièrement de pratiquer aussi les exercices de concentration que vous trouverez dans le chapitre consacré à ce sujet.

La réflexion

Si vous êtes de ceux qui parlent sans réfléchir ou qui agissent sans trop mesurer les conséquences de leurs actes irréfléchis, vous devez essayer de mettre un frein à vos impulsions en contrôlant vos tendances inconsidérées.
Contraignez-vous à être toujours présent en vous-même; contrôlez les inclinations qui vous entraînent à ne pas utiliser vos freins inhibiteurs.

Exercice 7
(Pour contrôler l'impulsivité)

Renoncez pour quelque temps ou pour un jour à quelque chose — gâteau, café, cigarette — qui vous fait plaisir.
Répétez plusieurs fois à voix basse l'ordre suivant: "Je ne veux pas de café, c'est amer, je n'aime pas ça, etc." - "Je ne veux pas de cigarette" - "Je ne veux pas ce gâteau". Et ainsi de suite dix à quinze fois, ou plus si besoin est.
Imposez-vous des ordres négatifs qui visent à vous dissuader d'accomplir une certaine action.
Si, au contraire, vous appartenez au groupe des éternels indécis, essayez de dépasser vos émotions négatives et votre manque de confiance; vous devez vaincre vos peurs habituelles qui vous empêchent de vous rendre responsable et font de vous une victime du découragement. Il faut que vous vous rendiez compte que la crainte de commettre des erreurs vous interdit de vivre et une vie qui n'est pas vécue est stérile et improductive.

Exercice 8
(Pour vaincre l'indécision)

En vous autosuggestionnant, imaginez à quel point le fait

d'avoir accompli une action donnée est agréable; relaxez-vous et répétez: "Je suis parfaitement capable de réussir cette entreprise... (dites laquelle) que je m'apprête à accomplir. J'agis en toute confiance: je ne doute pas que le résultat sera positif. Je suis fort, calme et sûr du succès".
La première règle à respecter quand on accomplit ces exercices basés sur l'autosuggestion, est d'obéir à toutes les règles préliminaires suggérées dans le chapitre traitant de l'autosuggestion.

La décision

Généralement, lorsque vous décidez de mener à bien un programme, vous en avez déjà accepté l'idée et vous êtes fermement résolu à l'accomplir sans le remettre en discussion. Vous êtes donc décidé à agir, sans renvoi.
Mais, si votre volonté est faible, vous avez tendance à hésiter, à renvoyer à plus tard; dans le pire des cas, vous finissez par renoncer complètement à votre projet.
Dans cette hypothèse pensez sans cesse à ce que vous êtes sur le point d'accomplir, car plus l'idée s'enracine en vous, plus elle tend à se concrétiser.
En outre, réfléchissez aux conséquences positives de votre projet; oubliez les éventuels résultats insatisfaisants car vous finiriez par vous influencer de manière négative.
Pour renforcer votre capacité de décision, établissez une série d'actes désagréables et pénibles en vous imposant de les accomplir.

EXERCICE 9
(POUR RENFORCER LA DÉTERMINATION)

Décidez de faire un acte désagréable ou ennuyeux (un coup

de téléphone, une visite, etc.) et commandez-vous de l'accomplir de bon gré.
Par exemple : "Je dois nettoyer le tiroir et jeter les babioles qui ne me servent plus. Après (considérez maintenant l'aspect agréable de l'action) je pourrai y ranger d'autres objets plus utiles et plus importants".

L'exécution

Après qu'elle a été prise de façon irrévocable, la décision procure une grande énergie qui pousse à réaliser le projet. Pour être davantage poussé à exécuter un acte, vous pouvez accomplir l'exercice suivant ou d'autres similaires.

EXERCICE 10
(POUR FAVORISER L'EFFICACITÉ)

Même si cela vous coûte, vous devrez effectuer chaque jour pendant un certain temps un exercice de gymnastique.
Cette obligation volontaire vous entraînera à l'effort constant.
N'oubliez pas non plus de tirer profit des autres exercices mentionnés dans ce livre qui servent à consolider votre volonté. Convainquez-vous vous-même que l'entraînement de la volonté, la concentration, la méthode Hué et la méditation sont tous des exercices déterminants pour le développement de votre magnétisme.

La confiance en soi

La confiance en soi est le premier secret conduisant à la réussite. (R.W. Emerson).

Le charme subtil qui magnétise et captive les autres ne peut se dégager de vous si vous ne vous libérez pas du manque de confiance qui vous envahit et qui empêche votre fluide magnétique de se manifester pleinement.

Une personne sans grande volonté tend généralement à avoir peu de confiance en elle et rend les facteurs extérieurs responsables de ses échecs. Les découragés, les déprimés, les émotifs ont tendance à exagérer et ils se laissent tourmenter par le doute qui neutralise de ses mille tentacules toute activité psychique. Un homme qui n'affronte pas la lutte ou qui la fuit par lâcheté est comme un drapeau fragile en butte à tous les vents. Il faut détruire ces états d'âme neutralisants qui interdisent à vos qualités de s'exercer au mieux: vous devez réagir contre les tendances négatives qui affaiblissent et épuisent votre esprit. La règle de base est de se connaître et de s'accepter.

Si vous laissez s'enraciner en vous la conviction que vous ne valez rien, que vous êtes inférieur aux autres et incapable d'entrer dans le jeu de la vie, il vous sera difficile de sortir de cet état d'auto-apitoiement.

Cessez de vous plaindre, sinon vous finirez par vous prendre toujours plus pour la victime d'un sort malin et d'un destin inéluctable.

Ne laissez pas votre mépris pour vous-même et vos peurs imaginaires vous suffoquer, ni se fixer la conviction que vous êtes incapable, médiocre et indigne.

Vous n'êtes inférieur à personne!

Ceux qui se montrent sûrs d'eux et pleins de confiance peuvent cacher des déficiences bien plus graves.

Ne vous sous-estimez pas devant les autres; n'essayez pas de ramener à de justes dimensions l'hyper-évaluation des autres; regardez ceux qui vous entourent et jugez-les plus sereinement et plus objectivement.

En suivant la pratique habituelle, obligez-vous quotidiennement à effectuer cet exercice qui vous permettra d'acquérir une plus grande confiance en vous et dans vos possibilités.

EXERCICE 11
(POUR AUGMENTER LA CONFIANCE)

Installez-vous confortablement dans un fauteuil, détendez-vous, et répétez, lentement mais avec décision, à plusieurs reprises au cours de la journée, la phrase qui s'adapte le mieux à votre cas: "Je suis à l'aise au milieu de mes amis et de mes parents, je suis comme les autres, les autres ne m'en imposent pas et ils ne m'intimident pas. Je ne suis pas inférieur à la plupart des autres. J'ai confiance en mes forces et je suis sûr de vaincre".

Avant d'entreprendre vos exercices, effectuez les exercices de respiration profonde qui vous calmeront et vous donneront une sensation de calme et de bien-être.

L'équilibre psychophysique

Les hommes ont bien souvent répété "Mens sana in corpore sano" sans accorder à cette formule une importance excessive. Une bonne condition physique est la base fondamentale de tout progrès mental, physique, économique et pratique.

La santé du corps va de pair avec celle de l'esprit; l'esprit et le corps forment un tout, et tout abus de l'un intervient sur l'autre; une parfaite harmonie doit régner entre les deux et viser au bien personnel.

Un homme en bonne santé réussit à faire beaucoup de choses sans dépenser des quantités inutiles d'énergie.

Prenons au contraire un homme sans confiance et non actif, qui a décidé de renforcer sa propre volonté: il se décourage à la première difficulté et décide de laisser tomber son projet, la compétition, persuadé que son inactivité caractérologique l'empêche de faire preuve de volonté et de ténacité. C'est un homme fatigué, sans confiance, aux nerfs à fleur de peau et c'est dans cet état qu'il a décidé de développer sa volonté, en se faisant violence.

Le premier échec fera s'écrouler ses défenses déjà faibles et éprouvées.

Tout cela pour démontrer que le corps et l'esprit sont intimement liés. Il est parfaitement vain de vouloir émettre une aura magnétique, basée sur une personnalité marquée,

s'il n'y a pas un bon équilibre organique à la base de l'équilibre psychologique. Autant apprendre la musique en jouant sur un piano désaccordé.
Rousseau disait: "Plus le corps est fort et plus il obéit, plus il est faible et plus il commande".
Il ne faut pas oublier que l'interaction corps-esprit joue un rôle fondamental dans la dynamique des névroses de notre époque. Bien qu'elles présentent des différences substantielles, la vie organique et la vie psychique sont des chemins inséparables de la personnalité humaine. Les facteurs psychiques peuvent intervenir sur notre corps au point de provoquer de véritables maladies physiques. On sait que la vie psychique naît en même temps que le système nerveux et qu'elle se perfectionne au fur et à mesure que le système nerveux se développe. Si ce processus s'arrête, le processus psychique s'arrête en même temps.
Ce concept est connu depuis les origines de l'humanité.
La force psychique ou force de l'âme sont indéniables.
En considérant la signification étymologique du terme (du grec psyché = âme), on comprend que l'esprit, la psyché ou l'âme (que chacun l'appelle comme il veut!), peut avoir un pouvoir absolu sur le corps.
Les Grecs avaient déjà établi le concept d'"âme sensitive" — celle du corps physique —, en opposition à l'âme immortelle qu'ils appelaient "âme intelligente".
Paracelse et Van Helmont appelaient les âmes sensitives "arché" (du grec *arkhein* = commander); elles étaient pour eux la base universelle de la vie, l'archétype (du grec *arkhos* = *chef*), qui a sous ses ordres des sous-chefs qui commandent les os, les nerfs, les vaisseaux sanguins, les organes et les cellules qui les composent. Chaque organe est un centre de forces psychiques très limité par rapport à celui de l'âme supérieure, mais les organes sont profondément liés les uns aux autres par le jugement, la pensée et la

volonté qui représentent le mécanisme grâce auquel l'énergie psychique se transforme en énergie physique.

Contrairement à Platon, qui considérait l'âme comme indépendante et niait donc la corrélation entre l'âme et le corps, son disciple Aristote soutenait qu'ils étaient indissociables, dans la mesure où l'âme est la somme des facultés qui commandent le corps. A la fin du IVe siècle av. J.-C., le philosophe soutenait que l'individu organique n'était qu'un, une unité de matière et de forme, la matière étant le corps et la forme l'âme, et que l'activité de l'âme était l'activité la plus parfaite de tout le mouvement des corps physiques. Ceci étant dit, il est bien établi que l'âme — l'esprit — joue un rôle très fort sur le corps; il en résulte que la force de l'âme suffit pour guérir le corps. Pour se guérir soi-même, il faut le vouloir intensément, avec persévérance, et faire agir la force créatrice de la pensée de façon opportune.

La médecine psychosomatique (de psyché = pensée et soma = corps) affirme que de nombreux troubles d'origine émotive aboutissent à la "somatisation", c'est-à-dire qu'elles se transforment en véritables troubles organiques.

Le père de la médecine, Hippocrate, disait que les maladies qui échappent à l'âme contribuent à dévorer le corps.

Marat, le cruel médecin qui joua un rôle dans la Révolution française et fut assassiné dans sa baignoire par Charlotte Corday, avait entrevu, lui-aussi, le lien existant entre certaines facultés de l'âme et certains organes du corps.

Au cours de la deuxième moitié du siècle dernier, on tenta de concilier sur de nouvelles bases la matière et l'esprit, l'âme et le corps.

L'œuvre de deux savants allemands, E. Weber et G. Fechner, donna naissance à la psychophysique, science qui étudie les relations entre les états physiques et les états psychiques et tente de définir l'interaction entre la psyché et l'organisme.

Sous l'impulsion de Wundt, en Allemagne, et de Sergi, en Italie, les expériences se multiplièrent, ouvrant la voie à de nouvelles enquêtes et à de nouvelles recherches.
Pour conclure, mobilisons notre corps et notre esprit pour parvenir à un bon équilibre psychophysique et fixons-nous de saines règles pour préserver notre santé.
L'organisme humain est un mécanisme de haute précision; comme tous les mécanismes, il a besoin d'un bon entretien pour fonctionner parfaitement et le plus longtemps possible. Il est important de se débarrasser des mauvaises habitudes qui entraînent de nombreuses maladies et de suivre des méthodes naturelles susceptibles de réactiver le mouvement et de réveiller certaines fonctions assoupies du corps. Pour un bon équilibre psychophysique, il convient de suivre des règles saines de diététique, de mouvement, de respiration et de relaxation; le yoga est aussi une pratique qui, si elle est suivie avec constance, contribue de façon remarquable à améliorer le bien-être et apporte des énergies positives.

La diététique

Pour vivre sainement, il faut manger modérément, absorber des aliments naturels et non toxiques, en respectant les règles de la diététique.
Nous avons déjà parlé du lien étroit entre le physique et la psyché de l'homme; nous savons que nos pensées, nos sentiments, notre comportement laissent leur empreinte sur notre organisme, dont ils troublent parfois les fonctions au point de provoquer une véritable maladie.
Un important régulateur de la faim est l'hypothalamus, la partie de l'encéphale située à la base du crâne, où siègent d'importantes fonctions végétatives.
Le stress, les angoisses et les chagrins peuvent provoquer des déséquilibres et engendrer l'obésité.
Il convient donc d'éviter toute situation de tension et d'angoisse et de chercher à vivre de façon équilibrée, sans traumatismes qui nuisent à la longue à notre organisme et ont une influence négative sur notre travail, notre caractère et notre santé. Si vous n'en avez pas vraiment besoin, évitez d'absorber trop de médicaments qui, dans la plupart des cas, sont inutiles, voire nocifs; essayez d'avoir le moins possible recours à la médecine allopathique, c'est-à-dire à la médecine officielle, sauf en cas d'urgence ou de besoin extrême. Dirigez-vous plutôt vers les thérapies naturelles, en ayant soin cependant de respecter une parfaite hygiène.

Mangez de façon frugale, ne vous remplissez pas le ventre de gâteaux, et privilégiez les fruits frais plutôt que les crèmes grasses et indigestes.
N'abusez pas des condiments ou de l'alcool. Mâchez très lentement de façon à éviter les ballonnements; avec sa sagesse orientale, Gandhi affirmait: "Il faut mâcher ce que l'on boit, et boire ce que l'on mange".
Si vous voulez maigrir, vous pouvez le faire grâce à l'autosuggestion qui pourra rendre votre régime moins pénible.
Ne buvez pas en mangeant mais buvez abondamment en dehors des repas; à jeun, buvez beaucoup d'eau fraîche, par petites gorgées. Jeûnez au moins une fois par mois; faites une journée de pause, un "rest day", comme disent les Anglais; tout votre organisme en tirera profit.
Un hygiéniste célèbre a dit un jour que les facultés mentales s'aiguisent par le jeûne, car "ce que la digestion apporte à l'organisme à travers le sang, elle le retire au cerveau". En vous modérant et en respectant quelques règles de base, vous réussirez à rester en bonne santé.
Si vous voulez maigrir, vous pouvez suivre l'exercice suivant.

EXERCICE 12
(POUR FACILITER L'AMAIGRISSEMENT)

En vous relaxant, répétez lentement: "Je maigris, mon corps s'amincit chaque jour un peu plus. Je maigris et je n'éprouve aucun désir de manger (citez éventuellement certains aliments dont vous êtes friand)".
Répétez cet ordre à plusieurs reprises, surtout le soir, avant de vous endormir.
Vous pouvez également suivre la méthode Hué qui vous aidera à atteindre le pouvoir de suggestion.

Le mouvement

Le mouvement n'est pas un simple exercice physique, c'est aussi un exercice de l'activité psychique, de l'attention, de l'intelligence et de la volonté.

Plus on fait d'exercices physiques, plus l'esprit en profite et l'avantage principal réside dans le fait de pouvoir mieux harmoniser le mouvement et l'esprit.

Des heures de mouvement non maîtrisé, effectué alors que nous pensons à de graves préoccupations ou que nous sommes distraits par nos angoisses, ne profitent pas à l'esprit; il faut que l'esprit participe au mouvement du corps et que l'attention se concentre sur l'activité musculaire. Evitez de vous livrer de but en blanc à des sports trop pénibles, qui useraient vos forces, vous rebuteraient et vous rameneraient bien vite à la paresse et l'inactivité. Si vous le pouvez, faites de la gymnastique chaque matin pendant environ un quart d'heure; si vous n'êtes pas sûr d'y arriver, prévoyez de faire chaque jour une promenade pendant une demi-heure; vous respirerez bien, vous fortifierez votre musculature et vous activerez la circulation du sang.

Exercice 13
(Pour améliorer l'activité physique)

Cet exercice d'autosuggestion vous permettra d'effectuer

plus facilement les exercices physiques. Répétez dix fois cette phrase lentement: “Je tiens compte de l’hygiène et j’en tire profit. Chaque jour, je fais de la gymnastique, et j’en obtiens des avantages physiques et psychologiques”.

La respiration

De toutes les fonctions organiques primordiales qui permettent de vivre, la respiration et la circulation sont les plus importantes. Il est possible de vivre pendant un certain temps sans manger ni dormir mais il est impossible de vivre plus de cinq minutes sans respirer.
Par le phénomène de la respiration qui se produit dans les poumons, le sang introduit dans l'organisme l'oxygène et en rejette l'anhydride de carbone.
Le phénomène de la respiration se déroule en deux phases: pendant la première, l'air pénètre dans les poumons (inspiration); au cours de la seconde, l'air est rejeté par les poumons (expiration).
Au cours de l'inspiration, les muscles soulèvent les côtes et le sternum, la cage thoracique augmente de circonférence et, en même temps, le diaphragme s'affaisse et s'appuie sur les viscères de l'abdomen. Le mouvement d'inspiration est immédiatement suivi du mouvement d'expiration; alors, les muscles se détendent, le diaphragme se soulève et le volume de la cage thoracique diminue. Bien qu'elle soit vitale, cette fonction est la plus négligée et la plus méconnue. Pourtant, il s'agit de l'unique fonction de notre organisme sur laquelle la volonté peut agir directement. Il faut redécouvrir l'effet thérapeutique qu'une bonne concentration a sur de nombreuses affections communes.

La régularité de cette fonction est importante. On sait qu'une condition d'hyper-aération (qui mène à une suggestibilité plus haute) permet la suggestion de repos, de relaxation et de concentration.
A quelles règles doit-on obéir pour bien respirer?
Avant de commencer l'exercice de respiration, il convient de vider les poumons par de profondes expirations, de façon que tout l'air en sorte.

Exercice 14
(Pour améliorer la respiration)

Il est important de pratiquer chaque jour l'exercice suivant.

1. Commencez par la respiration nasale (bouche fermée) en poussant l'abdomen en avant pour faire pénétrer l'air profondément.

2. Inspirez lentement par le nez, en comptant mentalement jusqu'à dix, et en rentrant l'abdomen de façon à bloquer et à contracter le diaphragme.

3. Bloquez la respiration en comptant mentalement jusqu'à dix.

4. Toujours en comptant, expirez lentement par le nez, doucement.

Quand vous rentrez et contractez l'abdomen, le diaphragme reprend sa position et, en appuyant sur la base des poumons, il les aide à se vider.
Par ce simple mouvement, le diaphragme effectue un bref massage du foie, de l'estomac, de la rate et de l'intestin. Cette respiration profonde est appelée "abdominale" ou "diaphragmatique".
N'oubliez pas de vider vos poumons plusieurs fois par

jour, en expirant l'air par le nez. En effet l'air vicié que les poumons contiennent à cause d'une mauvaise respiration n'en sort que partiellement et les résidus nocifs empêchent l'air frais de passer; lorsqu'ils sont vides, les poumons emmagasinent l'air plus facilement.

L'essoufflement est très souvent causé par une mauvaise respiration.

Avant de commencer à faire l'exercice de respiration, effectuez quelques mouvements physiques. En commençant une respiration profonde avant que le sang n'ait éliminé l'anhydride de carbone, vous pourriez entraîner un état de déséquilibre dans votre organisme.

N'oubliez jamais de prendre une pause de quelques secondes entre une inspiration et une expiration; sinon, vous risquez de vous sentir mal.

Prenez soin de ne jamais inspirer profondément lorsque vous accomplissez un effort: au contraire, dans l'effort, il faut d'abord inspirer, puis expirer.

Pendant un exercice de respiration, ouvrez grand les fenêtres de façon que l'air pur puisse entrer dans la pièce. L'exercice doit être accompli pendant un quart d'heure chaque matin; vous redécouvrirez les avantages psychophysiques d'une bonne respiration.

La relaxation

Le rythme trépidant de la vie moderne entraîne en nous une tension de plus en plus forte, des angoisses et des névroses incontrôlables.

Les tensions s'accompagnent toujours d'effets collatéraux et elles ont une influence sur l'activité musculaire: la tension de nos muscles est considérée comme le miroir de notre tension intérieure.

Pour soulager la tension, il faut être en mesure d'apaiser ses inquiétudes et frustrations et de contrôler sa propre peur; après seulement, l'on peut se relaxer.

Il existe deux types de méthodes de relaxation profitables: les méthodes *inductives* et *hétéro-inductives.*

En cas de méthode hétéro-inductive, la relaxation est provoquée par des agents extérieurs et le sujet subit de façon passive la suggestion hypnotique de celui qui s'efforce de lui apporter d'une part la tranquillité et d'autre part la relaxation musculaire.

En cas de méthode inductive, la participation active du sujet, qui doit s'entraîner par des exercices quotidiens, est nécessaire.

Les méthodes les plus connues sont: la *relaxation progressive* d'Edmund Jacobson, un physiologue américain, et le *training autogène* de Johannes Schultz, un médecin allemand.

La relaxation progressive

La méthode de Jacobson prend en considération chaque faisceau musculaire et enseigne à reconnaître la tension et à la dépasser.

EXERCICE 15
(POUR RELAXER LA TENSION)

● Restez seul dans une pièce et arrangez-vous pour n'être dérangé par personne et pour que rien ne vous empêche de vous concentrer et de vous relaxer totalement.
Asseyez-vous dans un fauteuil ou allongez-vous sur le lit, et respirez par le nez, régulièrement, profondément, doucement.

● Allégez votre tension et relaxez-vous pendant quelques secondes. Pliez avec énergie le pied droit vers le bas en contractant le mollet.
Fixez pendant six secondes votre pensée sur cette contraction, puis détendez le pied.
Relevez la pointe du pied droit et concentrez-vous pendant six secondes sur la tension que vous ressentez dans la partie antérieure de la jambe.
Détendez-vous et recommencez le même exercice avec le pied gauche.

● Ensuite, tendez la jambe droite et contractez la cuisse pendant six secondes, de façon à sentir les tensions subies par les faisceaux musculaires.
Relaxez-vous et contractez maintenant la cuisse gauche.

● En appuyant fortement le talon droit à terre, contractez

la musculature de la fesse et de la cuisse pendant six secondes.
Détendez-vous et reprenez le même exercice du côté gauche.

● Rentrez le dos dans la zone rénale, en le creusant, et réfléchissez à la tension que vous ressentez tout le long de la colonne vertébrale; concentrez-vous sur cet endroit pendant six secondes.
Relaxez-vous et répétez l'opération plusieurs fois.

● Contractez ensuite les muscles du ventre, en le poussant vers l'avant; pensez pendant six secondes à la tension à laquelle vos muscles sont soumis. Relaxez-vous, respirez calmement.
Recommencez l'exercice encore deux fois.

● Effectuez alors de profondes respirations diaphragmatiques en vous relaxant toujours pendant six secondes après chaque expiration.

● Portez vivement la tête en arrière, vous constatez que la nuque se contracte; restez dans cette position pendant six secondes; déplacez la tête vers la droite en essayant d'approcher l'oreille de l'épaule et concentrez-vous sur cette action pendant le temps nécessaire; portez la tête vers la gauche, puis enfin vers l'avant en respectant toujours la même pause de six secondes.
Remettez la tête dans sa position de départ et jouissez pendant quelques secondes de la sensation de détente que vous ressentez.

● Serrez énergiquement le poing droit, en contractant l'avant-bras; concentrez-vous sur la tension musculaire, puis détendez-vous.

- Raidissez les muscles de l'avant-bras; observez combien les muscles du bras changent sous l'effet de la tension. Relaxez-vous et contractez les muscles du bras gauche.

- Serrez fortement les lèvres, et relaxez-vous après une contraction de six secondes.
Serrez la langue contre les incisives et pensez à cette pression. Détendez-vous.
Serrez les dents énergiquement et concentrez-vous pendant six secondes sur la tension mandibulaire. Relaxez-vous.
Serrez fort les yeux et pensez à ce que vous faites. Détendez-vous, en gardant les yeux fermés mais sans les serrer.
Froncez les sourcils assez fort pour que des plis verticaux apparaissent sur le front: six secondes de concentration dans cette position. Détendez-vous.
Haussez les sourcils, le plus haut possible, puis relaxez-vous en savourant le plaisir de la détente.
En pratiquant avec constance ces exercices, vous réussirez peu à peu à dominer vos tensions et à vaincre vos angoisses et vos peurs.
Lorsque vous êtes tendu, ému ou paralysé par la peur, vous pouvez exécuter tout ou partie de cette méthode de relaxation, en vous concentrant sur l'exercice et en empêchant votre esprit de suivre le cours des pensées qui le tourmentent.

Le training autogène

Le training autogène est la technique psychologique de relaxation la plus simple et la plus répandue. Comme son terme l'indique (*training*), les exercices doivent être effectués régulièrement pour parvenir à une détente psychophysique provoquée par l'intéressé lui-même (autogène).

La méthode fut élaborée entre 1908 et 1912 par un médecin allemand, Johannes Heinrich Schultz; elle est fondée sur la pratique autosuggestive, grâce à laquelle le sujet s'induit à accomplir des actes donnés.
Etant donné l'interaction continue entre le corps et l'esprit, grâce au training et en influant sur la pensée, nous pouvons tirer des profits remarquables pour le traitement des angoisses, des tensions et des dépressions.
La méthode trouve un large champ d'action dans le traitement d'un grand nombre de troubles d'origine psychosomatique. On obtient aussi, en pratiquant ces exercices, une bonne récupération de l'énergie; de nombreux sportifs les pratiquent. Grâce au training, il est possible d'arriver à une sorte de détachement, d'isolement et d'abstraction d'un état de tension.
Il est nécessaire de se concentrer sur son Moi et de prendre conscience de son corps; à ce sujet, le docteur Schultz parle d'"autoconcentration de détente".

Exercice 16
(Pour relâcher la tension)

Isolez-vous dans le silence et à l'abri du bruit et de toute indiscrétion. Enfermez-vous, par exemple, dans une pièce plongée dans la pénombre et installez-vous confortablement dans un fauteuil.
Relaxez-vous totalement, faites abstraction de la réalité qui vous entoure et prêtez toute votre attention à ce que vous êtes sur le point d'accomplir. Vous devez agir dans la concentration la plus parfaite; il convient donc que vous vous autosuggestionnez en répétant plusieurs fois la phrase suivante: "Je suis parfaitement calme et tranquille".
Souvenez-vous qu'une suggestion réussit à pénétrer d'une manière vraiment radicale dans votre subconscient si vous

avez effectué au préalable quelques exercices de respiration profonde.
Ne luttez pas contre vous-même; si d'autres pensées envahissent votre esprit, essayez d'abord de canaliser votre attention sur ce que vous êtes en train de faire; il vous sera profitable d'effectuer auparavant quelques exercices de concentration.
Ne perdez pas patience et ne vous découragez pas si vos pensées vous semblent au départ des chevaux en furie; vous réussirez peu à peu à les brider, à les maîtriser et à les amener là où vous voulez.
Laissez-vous aller et ne vivez pas la chose comme une contrainte. Essayez de vivre votre situation et vos sensations de façon sereine. Marche après marche, vous arriverez à la concentration et à la relaxation totale. Ne forcez pas la nature!
Chaque exercice doit être répété régulièrement pendant dix/quinze jours dans le plus grand calme. Dans leur ensemble, les exercices constituent un système harmonieux, conçu pour qu'après les premiers jours, les modifications au niveau des muscles, de la circulation et de la respiration se produisent spontanément (autogènes).

Exercice 17
(La sensation de lourdeur)

En position de détente, concentrez-vous sur la main et le bras droits, sur le côté gauche pour les gauchers. Vous devez sentir votre bras, et en même temps, essayer de vous le représenter mentalement en vous concentrant sur lui.
Prononcez à six reprises la phrase suivante: “Mon bras droit est très lourd”, en induisant la lourdeur du bras.
De quelle manière peut-on arriver à cette sensation? En se donnant des suggestions mentales positives: imaginez par exemple que vous soulevez un poids avec le bras.

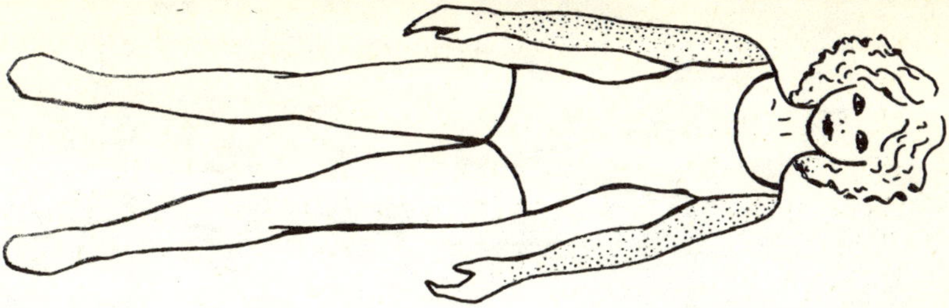

Figure 1. La sensation de lourdeur: couché sur le dos, concentrez-vous sur les bras

Vous pouvez utiliser cette même technique des représentations pour tous les exercices.
Il se peut que pendant les premiers temps vous ressentiez une sensation de douleur dans d'autres parties du corps; ne vous inquiétez pas. Commandez-vous le calme: "Je suis calme et relaxé" (voir fig. 1).

Exercice 18
(La sensation de chaleur)

Formulez la pensée suivante: "Ma main droite (ou gauche) est chaude". Si vous êtes suffisamment concentré, vous devriez ressentir une sensation de chaleur dans la main, ainsi que des démangeaisons et des fourmillements.
Comme représentation mentale, imaginez que vous êtes dans un sauna.

Exercice 19
(La régulation du cœur)

Expirez et ordonnez-vous le message suivant: "Mon cœur bat calmement et régulièrement".
Essayez de sentir votre cœur et vous commencerez après

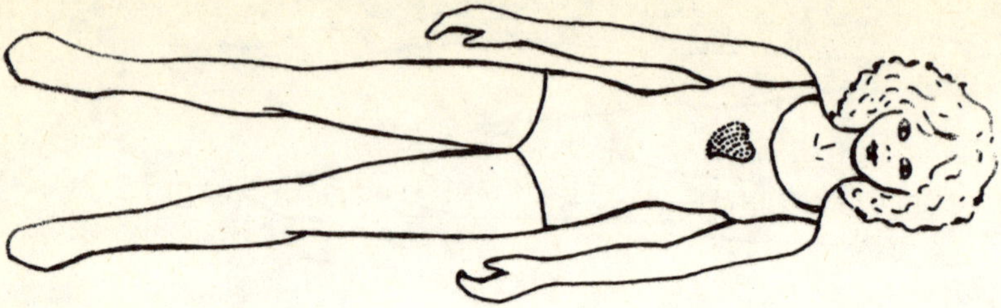

Figure 2. La régulation du cœur: couché sur le dos, concentrez-vous sur le rythme des pulsations

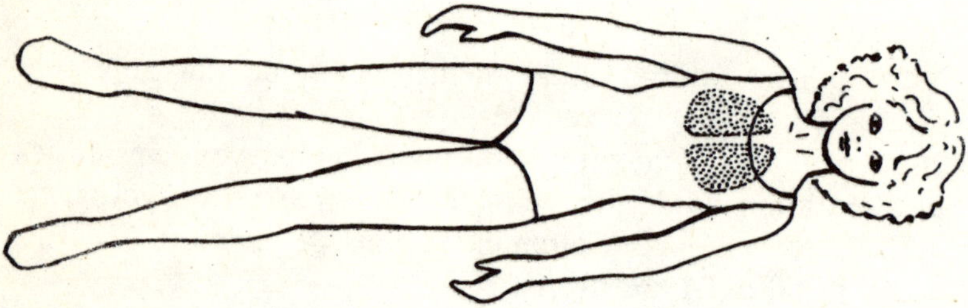

Figure 3. L'attitude de la respiration: couché sur le dos, concentrez-vous sur le rythme de la respiration

quelque temps à percevoir les pulsations cardiaques (voir fig. 2).

EXERCICE 20
(L'ATTENTION PORTÉE À LA RESPIRATION)

L'exercice réclame de l'attention car il ne s'agit pas d'une gymnastique respiratoire. En effet, vous ne devez pas modifier le rythme respiratoire mais seulement en prendre conscience (voir fig. 3).
Répétez la formule suivante: "Ma respiration est calme et régulière".

Exercice 21
(Le plexus solaire)

Le plexus solaire est un nœud cellulaire important du système neuro-végétatif, il est situé sous le diaphragme, entre l'estomac et le nombril. Sa fonction consiste à contrôler l'activité des organes abdominaux.
La formule est: "Plexus solaire qui donne la chaleur".
Comme représentation mentale, vous pouvez évoquer l'image d'une bouillotte chaude placée sur le ventre.
Après avoir effectué quelques exercices, vous sentirez qu'une chaleur se diffuse dans la région de l'abdomen (voir fig. 4).
La digestion bénéficie de cet exercice car le métabolisme en est amélioré.

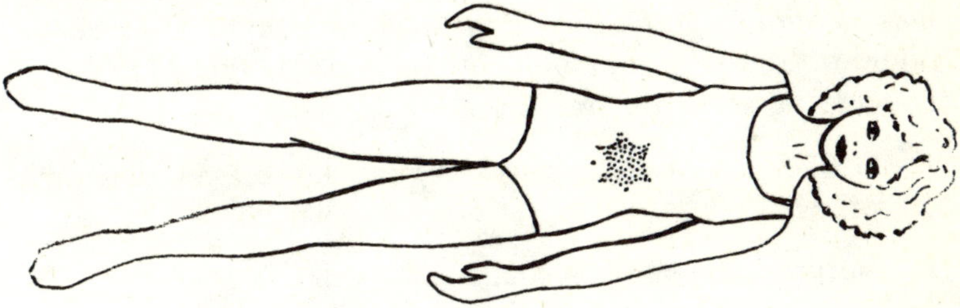

Figure 4. Le plexus solaire: couché sur le dos, concentrez-vous sur la sensation de chaleur dans la région abdominale

Exercice 22
(La tête)

Parvenu au niveau de la tête, répétez cette formule: "Mon front est frais". Au début, cet exercice ne doit durer que quelques secondes; pour susciter la sensation, évoquez l'image d'un mouchoir mouillé que vous auriez mis sur votre front (voir fig. 5).

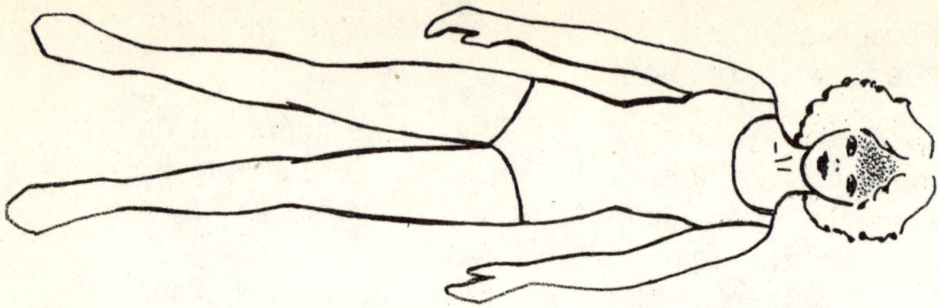

Figure 5. La tête: couché sur le dos, concentrez-vous sur la sensation de fraîcheur au front

Pour sortir de votre état d'auto-hypnose, suivez les indications fournies par le docteur Schultz lui-même dans son livre *Training Autogène*. Il y indique comment procéder pour la "reprise", mot qu'il utilise pour désigner la bonne manière de sortir du training autogène.

1. Dépliez et étendez énergiquement les bras à deux reprises.
2. Inspirez et expirez profondément.
3. Ouvrez les yeux.

Le docteur Schultz parle aussi d'une reprise "bavaroise", plus graduelle, effectuée par une série d'agréables étirements et mouvements tels qu'on en effectue généralement au réveil.

Quand vous serez devenu expert en la matière, vous pourrez insérer dans le processus d'auto-hypnose des formules de votre choix, selon vos exigences personnelles.

Le timide dira par exemple: "J'ai du courage"!; le mélancolique: "Je suis gai"!

La règle générale, qui domine la partie fondamentale de la formule, est qu'elle doit être affirmative. Les formules que

vous employerez ne doivent pas contenir les mots “Ne... pas”.
Au lieu de dire : “Je ne verrai plus cette femme”, affirmez : “Je suis libre de cette femme”.
Prenez soin d’employer le présent plutôt que le futur : “Je suis gai à partir de maintenant et je ne me souviens pas d’avoir eu le cafard”.
En ce qui concerne les techniques dont nous venons de parler (lourdeur du bras, palpitations cardiaques, sensation de respiration, plexus solaire et fraîcheur du front), consultez les figures suivantes : les parties du corps sur lesquelles votre esprit devra concentrer ses sensations au cours des exercices sont mises en évidence.
N’oubliez pas que vous devez effectuer les exercices l’un après l’autre et ne jamais entamer un exercice avant d’avoir achevé le processus complet du précédent.

Le yoga

Le yoga est un antidote efficace contre la vie moderne où la fatigue extrême, la nervosité et le stress minent continuellement notre santé physique et psychique.
C'est avant tout une discipline non violente, et c'est aussi un ensemble de mouvements, de positions et de respirations équilibrés et contrôlés, de relaxation profonde et de méditation.
Il aide à vivre sainement au niveau physique et sereinement au niveau mental.
Bien qu'il ait l'apparence de simples exercices physiques, dans ses expressions les plus hautes, le yoga est religion, philosophie et psychologie en même temps; c'est une façon de vivre et de se comporter qui façonne l'homme sur deux niveaux: celui de la matière et celui de l'esprit.
Nous autres, Occidentaux, qui sommes moins sensibles à l'appel de cette discipline intérieure, nous pouvons nous limiter à la pratique du Hatha yoga, c'est-à-dire le yoga du corps, dont nous pouvons tirer des effets bénéfiques et salutaires.
Aucune contre-indication ne s'oppose à ce type de gymnastique. Même si l'on souffre de troubles divers, le yoga peut être bénéfique sur le plan physique car il renforce les capacités de résistance de la musculation, grâce à la concentration musculaire.

Le métabolisme et le système nerveux profitent de sa technique de respiration profonde.
En pratiquant ces exercices, on apprend à se concentrer, à discipliner ses instincts et à maîtriser ses mouvements, parvenant ainsi à un équilibre intérieur et à un contrôle de la pensée et des émotions qui permettent de triompher plus facilement de l'angoisse et du sentiment d'aliénation, maux typiques de notre époque.
Important système philosophique indien, le yoga est attribué à Patanjali; il a été fondé dans les années 300 av. J.-C. Ses théories sont exposées dans l'œuvre de Patanjali intitulée *Yoga Sutra*. En sanscrit, le mot yoga signifie "concentration, méditation" mais aussi "union, lien d'ensemble et plier sous le joug"; il signifie donc l'union de l'homme et de l'univers, la soumission du corps à l'esprit.
Il existe plusieurs formes de yoga. La forme la plus pratiquée est le *Hatha yoga*, ou yoga de la santé, utile pour prévenir et soigner des troubles psychosomatiques de différente nature. Le *Bhaiti yoga* (yoga mystique) comprend des pratiques de dévotion et des prières à Dieu. Enfin, par le *Karma yoga*, on peut participer au mécanisme divin de l'Univers.
Avec le *Tantra yoga*, on apprend l'art de la concentration et de la méditation en utilisant les diagrammes tantriques ou *Mandala* (voir la figure 18 à la page 94) qui sont des formules et des rites magico-mystico-sexuels pour parvenir à la libération, ou Miksha, et à l'union divine.
Les disciples de Patanjali ont ouvert la voie au *Raya yoga* ou yoga de la maîtrise mentale.
Une grande importance y est donnée à la vie contemplative. En utilisant des techniques d'autocontrôle physique et moral, les adeptes se proposent, en dépassant leur propre individualité, de s'élever à des niveaux de conscience supérieure dans le but suprême de tendre vers l'union avec l'univers.
Il existe huit voies pour atteindre le but.

Yâma. Il consiste à autocontrôler et régler ses rapports avec le prochain sur des bases d'amour, avec passion, honnêteté et altruisme.

Nijama. Il est fondé sur le devoir religieux et l'inclination à l'amour de Dieu et à l'union avec Lui.

Asana. Ce sont les positions que le corps doit prendre pour fortifier et améliorer ses fonctions psychophysiques.

Prânâyâma. C'est le contrôle du *Prâna*, c'est-à-dire de la force vitale qui est présente dans l'air et que nous respirons car nous l'absorbons et nous l'emmagasinons dans notre corps.
Dans le chapitre consacré à la respiration, nous avons déjà dit combien cette fonction est importante pour l'oxygénation de notre corps. Si nous n'absorbons pas assez de Prâna, nos cellules se détériorent et notre corps est soumis à un vieillissement prématuré.
Bien respirer, cela veut dire respirer profondément, en se servant du diaphragme qui est habituellement oublié.
Les individus qui jouissent d'une forte vitalité sont ceux qui emmagasinent le plus de Prâna.
A ce propos, rappelons brièvement les phases de la respiration :

a) bouche fermée, inspirez lentement par le nez puis, sans relever les épaules, emplissez d'abord le ventre puis le thorax;

b) retenez la respiration pendant quelques secondes;

c) expirez par le nez, la bouche toujours fermée et en rentrant le ventre.

Le stade *Prânâyâma* est la partie la plus importante du Hatha yoga.

Prayakara. Contrôle des sens par le biais d'un processus d'introspection, qui est une phase préparatoire aux trois suivantes.

Dharana ou *concentration*. Grâce à elle, on libère l'esprit de toute influence extérieure.

Dhyana ou *méditation*. En nous concentrant, nous pouvons canaliser notre esprit vers une seule direction sans dévier de l'idée initiale, qu'il est possible d'observer et d'examiner dans ses moindres détails.

Samadhy. C'est l'extase, la contemplation transcendantale, le niveau le plus élevé que les yogis peuvent rejoindre, le but ultime qu'il faut atteindre pour conquérir l'absolu.
On appelle parfois ces trois derniers stades *Samayana*.
Le Prâna réveille une force latente qu'on appelle *Kundalini* et qui se situe dans le coccyx.
Quand cette énergie se libère et remonte le long de la colonne vertébrale, elle active les sept centres psychiques, qu'on appelle *Ciakra* ou *Lotus*, et produit peu à peu d'énormes effets en élargissant les capacités individuelles.
Lorsque Kundalini arrive au cerveau, il se marie avec Vishnu et cette union porte à l'illumination, au réveil complet de la conscience, à la perfection.
Les effets bénéfiques de cette discipline sont très nombreux: elle permet de retrouver l'élasticité musculaire et la souplesse des articulations, symboles de jeunesse et de bien-être; elle permet au corps et au système nerveux de se détendre, de se tonifier; elle permet enfin d'économiser l'énergie.
On acquiert peu à peu un équilibre mental et physique et l'on parvient au calme intérieur tout en réussissant à vivre en paix avec soi-même, sans cesser d'être ouvert sur les autres et sur la vie.

On sent alors en soi et autour de soi s'épanouir un profond équilibre, entre le corps et l'esprit qui est source de bien-être, de santé, de paix et d'amour.

Exercices de yoga

Les exeroices de yoga se pratiquent l'estomac vide, le matin après le réveil, ou le soir longtemps après des repas.
Même si certains exercices vous semblent difficiles, vous réussirez progressivement avec un peu d'effort à rester plus longtemps dans une certaine position. Faites les exercices lentement pour qu'ils aient une influence sur le système nerveux, sur les ligaments musculaires et sur les organes intéressés. En accomplissant un mouvement, quel qu'il soit, il ne faut jamais se forcer.
Commencez à vous entraîner pendant dix/quinze minutes, en exécutant un ou deux exercices chaque fois, puis prolongez le temps jusqu'à une demi-heure.
Allongez-vous par terre sur un petit tapis et mettez un justaucorps qui vous rende libre de vos mouvements.
Avant de commencer, effectuez quelques exercices respiratoires, en vous souvenant que vous devez toujours utiliser la respiration pour tous les exercices de yoga. Un exercice de yoga doit toujours être fait lentement et sans fournir aucun effort.
Le yoga n'est pas une gymnastique douloureuse ou pénible, c'est un moyen de connaître son propre corps jusque dans les moindres détails.

Position de relaxation (pour calmer la tension)

C'est un exercice compliqué (voir fig. 6) qui sert à des-

serrer la pince qui vous tenaille l'estomac lorsque vous êtes nerveux et à vous libérer de vos idées noires.
Vous devez l'exécuter avec application.

1. Allongez-vous à même le sol, sur un petit tapis; écartez légèrement les jambes, et, en maintenant les bras détachés du corps, essayez de vous laisser aller le plus possible.

2. Quand il vous semble que vous êtes suffisamment relaxé, roulez lentement la tête, d'abord vers la droite, puis vers la gauche, sans jamais détacher la nuque du sol. Refaites cet exercice une dizaine de fois: il sert à relaxer la nuque, siège de nombreux centres nerveux.

3. Il faut maintenant relaxer le visage; commencez par la langue: faites-la retomber mollement contre le palais en laissant la bouche légèrement ouverte. En relaxant le visage, vous lutterez également contre les rides.

4. "Ecoutez", sans aucune agitation, votre respiration. Suivez-la par la pensée, mais sans essayer de la modifier par une intervertion volontaire. Vous vous rendrez compte qu'elle devient peu à peu plus calme, plus régulière et moins accélérée.

5. Inspirez par le nez et gonflez le ventre. Retenez votre respiration pendant quelques secondes, puis expirez lentement jusqu'à l'évacuation complète.

Figure 6. Position de relaxation

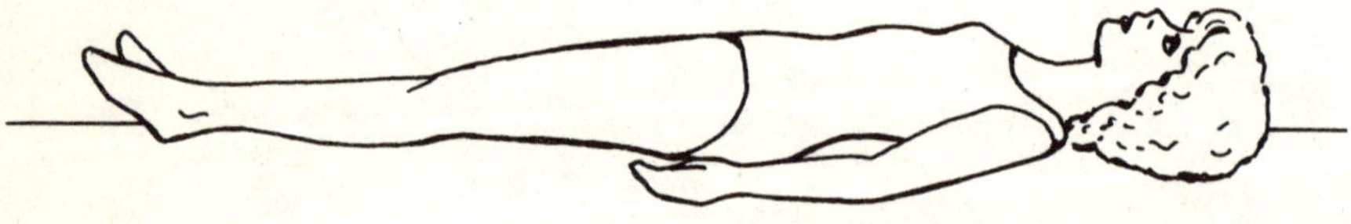

Tous ces mouvements vous permettront de vous relaxer le plus longtemps possible, mais, si vous avez encore l'impression d'être raide, pensez intensément à vos membres. Imaginez que vos bras et vos mains sont lourds comme du plomb, ou très chauds. Après dix minutes, vous pourrez arrêter cet exercice : vous vous sentirez aussi détendu qu'après un bon sommeil réparateur.
Cet exercice est moins facile qu'il ne le semble et il faut l'exécuter avec la plus grande application.

Position de la jambe étendue (Pour favoriser la sérénité)

Si des idées angoissantes et pessimistes vous assaillent, essayez de vous détendre et de retrouver la sérénité avec cet exercice d'extension des jambes (voir fig. 7).
Asseyez-vous, une jambe étendue et l'autre pliée de façon que le pied touche la cuisse de l'autre jambe; posez les mains sur les cuisses.

Figure 7. Position de la jambe étendue

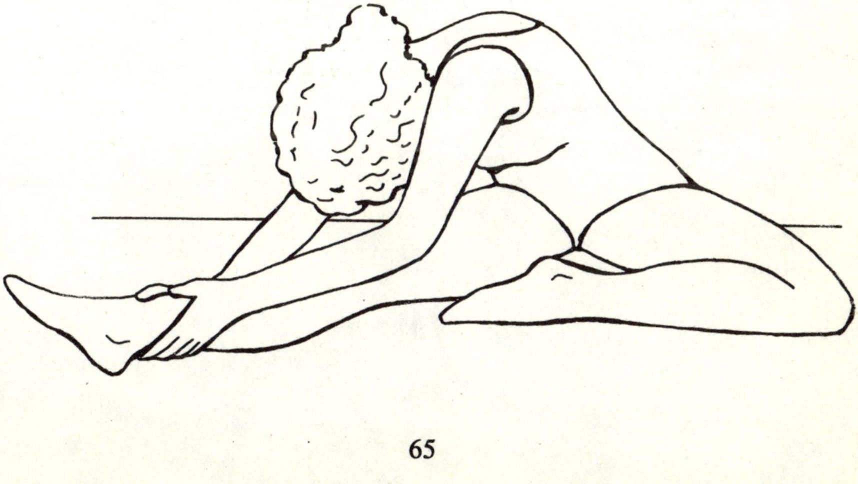

Si votre genou est un peu raide, il est probable que vous ne réussirez pas à le coller au sol; ne forcez pas; vous y réussirez un jour grâce à l'exercice constant.
Fermez les yeux, respirez calmement et concentrez-vous sur quelque chose d'agréable en éliminant les idées noires. Pliez-vous vers l'avant et essayez de saisir vos chevilles; enfin, redressez-vous. Changez vos jambes de position et pliez-vous à nouveau.
Faites l'exercice dix fois.

Figure 8. Position de l'arbre

Position de l'arbre (pour le sens de l'équilibre)

Debout, repliez lentement la jambe de façon que le pied vienne s'appuyer contre la partie interne de la cuisse gauche; croisez les mains contre la poitrine et fixez un point en face de vous pour augmenter votre équilibre (voir fig. 8). Essayez de rester immobile dans cette position pendant au moins vingt secondes. Faites le même exercice avec l'autre jambe.
Cette position vous aidera à contrôler votre musculature; elle augmentera la stabilité de votre équilibre et renforcera votre équilibre psychique.

Position du cobra (pour stimuler le système nerveux)

Cet exercice stimule la circulation du sang le long de la colonne vertébrale et renforce la résistance musculaire; il est bon pour le système nerveux et il stimule la thyroïde avec des effets amaigrissants.
Allongez-vous sur le ventre, le menton contre le sol, les mains posées contre terre à hauteur des épaules. En inspirant, élevez le buste et courbez la tête et les épaules vers l'intérieur. Sans soulever les bras du sol, retenez la respiration pendant dix secondes, puis reprenez lentement votre position initiale (voir. fig. 9).

Position du lotus (pour apaiser les tensions nerveuses)

Asseyez-vous par terre et étendez les jambes lentement; mettez votre pied droit le plus haut possible sur la cuisse

Figure 9. Position du cobra

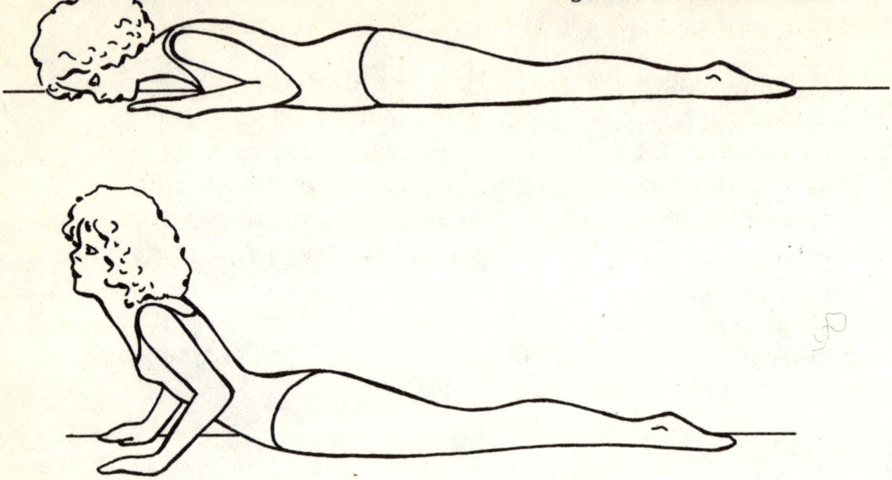

Figure 10. Position du lotus

gauche et le pied gauche sur la cuisse droite. Vous devez essayer d'approcher le plus possible le pied du ventre (voir fig. 10).

Posez la paume de la main droite sur le genou droit et la paume de la main gauche sur le genou gauche. A l'instar de la fleur de lotus, considérée en Inde comme le symbole de la pureté d'âme, cette position représente le détachement vis-à-vis de la tentation; elle confère une stabilité psychophysique et, en calmant le système nerveux, elle donne un sens général de bien-être. Cette position est adoptée pour la méditation.

Position sur la tête (Pour améliorer la mémoire)

Mettez-vous à genoux, les avant-bras à terre; en nouant les doigts, posez les mains sur la tête et bloquez-la. Approchez les genoux du visage, soulevez les hanches et levez lentement les pieds vers le haut, jusqu'à la position verticale, la tête étant en bas (voir fig. 11). Essayez d'accomplir cet exercice sans effort; restez dans cette position le plus longtemps que vous pouvez, en respirant toujours avec grand calme.

Pour terminer la position, pliez d'abord les pieds, remettez-vous à genoux puis allongez-vous à nouveau. Essayez de ne pas retomber brutalement, car tous les effets bénéfiques de cet exercice seraient alors annulés.

Dans cette position, le Prâna afflue vers le cerveau et l'oxygène; les résultats obtenus sont bénéfiques : mémoire plus vive, élimination progressive des troubles nerveux, force psychique. Si pendant les premiers temps vous ne vous sentez pas sûr de vous, pratiquez cet exercice en vous appuyant contre un mur.

Figure 11. Position sur la tête

Position du cadavre
(Pour se relaxer après un effort physique)

C'est la meilleure position pour parvenir à une relaxation musculaire totale.
Elle est très semblable à la position de la relaxation, mais, dans ce cas, la concentration psychique demandée est différente. Elle n'en est pas moins importante pour parvenir à la tranquillité, à la paix et à l'équilibre psychique nécessaires pour développer vos pouvoirs magnétiques.
Cette âsana sert à se reposer à la fin des exercices, à effacer la fatigue et à stimuler le cerveau. Etendez-vous sur le dos, les jambes écartées, les bras appuyés le long des hanches, et gardez les pieds légèrement écartés. Respirez lentement et profondément par le diaphragmme; éloignez de votre esprit toute pensée étrangère à l'exercice: concentrez-vous sur ce que vous faites.
Détendez à présent tous les muscles du corps et passez-les en revue mentalement, l'un après l'autre: d'abord les pieds, puis les jambes, les bras, les mains, le tronc et enfin la tête et le visage. Gardez toujours les yeux fermés et demeurez "sur le dos comme un mort" semblable à un être sans vie; sortez de vous-même sans penser à quoi que ce soit d'étranger à l'exercice.
Un quart d'heure dans cette position suffit à relâcher la tension et à supprimer les effets de la fatigue accumulée pendant la journée.

Exercice 23
(Pour éduquer la volonté)

Pour éduquer la volonté, vous pouvez effectuer cet exercice: debout ou allongé, concentrez-vous sur le battement de votre cœur.

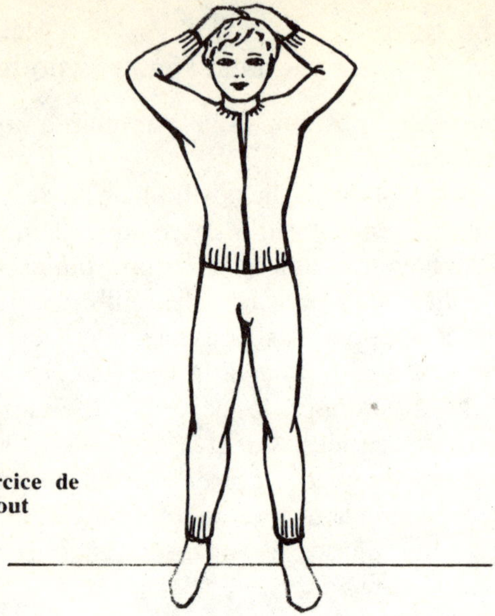

Figure 12. Exercice de respiration, debout

Sans hausser les épaules et bouche fermée, inspirez lentement par le nez; comptez mentalement jusqu'à huit et dilatez le ventre le plus possible (voir fig. 12).
Retenez la respiration en comptant jusqu'à huit. Ne cessez pas de compter et expirez lentement de façon à faire sortir par le nez tout l'air contenu dans vos poumons.
Faites cet exercice quatre ou cinq fois de suite.

Exercice 24
(Pour la force de résistance)

Cet exercice vise à renforcer la volonté, la force de résistance et la capacité de concentration. Asseyez-vous dans la position du lotus. Inspirez, levez les bras et croisez les mains sur la tête. Retenez la respiration pendant quelques

Figure 13. Exercice de respiration, assis

secondes et puis expirez en baissant les bras (voir fig. 13). Reprenez votre position de départ et refaites l'exercice cinq fois.

POSITION DU DIAMANT (POUR AMÉLIORER LA CONCENTRATION)

Cette âsana est ainsi appelée à cause de l'immobilité de l'exécutant.

C'est un exercice très utile pour maîtriser la respiration et renforcer la volonté.

Agenouillez-vous et asseyez-vous sur les talons; relaxez-vous et appuyez vos mains contre les cuisses (voir fig. 14). On peut rester dans cette position pendant longtemps.

Comme il est très difficile d'instaurer le vide mental, pour éloigner de votre esprit les ennuis, les soucis et les pensées

Figure 14. Position du diamant

désagréables, placez un objet devant vos yeux et fixez-le, sans pour autant vous intéresser à lui. Vous pouvez aussi fermer les yeux et fixer mentalement la pointe de votre nez pendant toute la durée de l'exercicc.

La méthode Hué

Très ancienne, la méthode Hué est excellente pour se débarrasser d'une maladie physique; cette méthode tire son nom de celui qui l'a inventée.

EXERCICE 25
(POUR FAIRE LE PLEIN D'ÉNERGIES POSITIVES)

Prenez une ficelle jaune et faites vingt-deux nœuds équidistants. Le soir, avant de vous endormir, égrainez les vingt-deux nœuds et pensez vingt-deux fois intensément au problème qui vous accable; répétez à voix basse ce que vous désirez obtenir.
Par exemple: "Je suis fort", ou bien: "Je dois maigrir".
La méthode fonctionne aussi bien par suggestion que par sollicitation des forces psychiques latentes que chacun de nous possède. La suggestion agit sur le subconscient qui, à notre insu, se charge d'énergies capables de nous mettre à l'action au bon moment.
Il vous arrive souvent de vous endormir en sachant que vous devez vous réveiller à une certaine heure; pendant que vous vous endormez, votre subconscient qui ne dort jamais enregistre le message et vous réveille au moment précis, avant même que le réveil ne sonne.

La magnétisation dans la vie de tous les jours

Il convient de souligner que dans différents pays du monde, en particulier aux Etats-Unis, on a dépensé des sommes considérables pour financer la recherche en matière de magnétisme personnel.

Dans ce domaine, la finalité de la recherche est évidemment commerciale et même militaire et peut s'avérer utile à la nation toute entière.

On appelle *magnétisation hypnotique* une méthode de magnétisation très simple qui dérive de la méthode Hué. Elle consiste à faire voir au spectateur, pendant un fragment de seconde (environ un dixième), l'image d'un produit quelconque dont, au même moment, la publicité doit passer sur l'écran de télévision ou de cinéma. Avant que le spectateur ait le temps de se rendre compte de l'image, celle-ci s'est déjà imprimée dans son cerveau; inconsciemment, il sent le besoin de ce produit sans être en mesure d'expliquer pourquoi. Cette méthode, évidemment interdite par différentes lois, est à la base de ce que nous dirons et présenterons sous peu.

En nous inspirant de la méthode Hué et de la théorie de la magnétisation hypnotique, nous vous indiquons un exercice grâce auquel vous pourrez augmenter vos capacités d'intuition psychologique et votre influence sur vos interlocuteurs au cours des conversations quotidiennes.

EXERCICE 26
(POUR AVOIR UNE RÉPONSE AFFIRMATIVE À NOS DEMANDES)

La règle de base de cet exercice est de toujours conserver votre calme devant votre interlocuteur; en lui posant des questions banales, essayez de découvrir quels sont ses goûts, ses préférences et ses point faibles. Faites semblant de vous soumettre à son bon vouloir; votre regard doit être détaché, tranquille, pacifique, un peu comme si vous attendiez quelque chose de la personne avec laquelle vous discourez. Vous devez donner à votre intelocuteur l'impression que vous dépendez complètement de lui; votre voix aussi doit rester calme, paisible, presque monotone et maintenir toujours la même tonalité. Il est important de répondre exactement aux questions que l'autre vous pose et d'attendre sa réponse aux questions que vous lui posez, sans jamais l'interrompre avant qu'il ait fini de parler.
Fixez bien en vous-même l'objet de la question que vous devez poser à la personne à laquelle vous parlez, mais essayez d'engager un discours qui la détourne complètement du propos de votre demande. Par exemple, si vous avez besoin d'argent, essayez de porter le discours sur votre complet désintérêt à l'égard de l'argent; si vous attendez de cette personne un service quelconque, essayez pour le moment que votre discours ne mentionne pas ce service; dites même que vous ne voudriez absolument pas être aidé dans une telle situation.
Tout en parlant à votre interlocuteur, essayez de garder toujours à l'esprit votre demande; en attendant, essayez de découvrir ses goûts et préférences. Après les avoir découverts, mettez le sujet à son aise en parlant de choses qui l'intéressent; faites semblant d'avoir besoin de son avis sur des questions particulières. S'il s'agit d'un passionné de football, même si ce sport ne vous intéresse pas, demandez-

lui des informations et demandez-lui comment vous pourriez approfondir la question et s'il ne serait pas disposé à vous apprendre quelque chose d'important à ce sujet. Vous pouvez aborder n'importe quel autre sujet de la même façon; cependant essayez de garder toujours calme et tranquillité et de les transmettre aussi à l'autre personne. Si vous voyez que votre interlocuteur est une personne à la forte personnalité ou qu'il a au moins un tempérament assez fort, évitez de lui soumettre immédiatement votre demande. Attendez, essayez de gagner du temps: posez-lui des questions dont vous êtes sûr de la réponse; vous devez prévenir ses gestes et ses réponses, même pour les choses les plus banales. Demandez-lui par exemple: "Vous fumez"?, même si vous savez parfaitement qu'il vous répondra: "Non merci"; ou bien "Voulez-vous un alcool"?, même si vous savez que sa réponse sera: "Oui, merci". Faites de même pour une foule de questions, parfois banales, parfois plus importantes. Après un certain temps, vous vous rendrez compte que l'autre personne est sous votre dépendance et qu'elle est bien disposée envers n'importe quelle demande que vous pourriez lui faire. A ce moment-là, sans hésitation, en conservant le même calme, en le fixant toujours du regard et en gardant le même timbre de voix, vous pouvez poser tranquillement votre requête avec la certitude d'obtenir une réponse affirmative.

Vous pouvez utiliser cette technique pour n'importe quel rapport interpersonnel: en cas de rapport amoureux ou affectif, quand une nouvelle situation se profile, quand naît en vous l'intérêt pour une autre personne, même si celle-ci ne manifeste à votre égard qu'indifférence, même si elle vous évite!

Les seules choses dont vous devez toujours vous souvenir sont de garder votre calme et de communiquer une certaine sensation par votre regard, vos paroles, vos gestes et vos mouvements. N'essayez surtout pas d'agresser immédiatement l'autre personne avec votre requête; essayez d'abord de la mettre à son aise et de découvrir quelles sont ses exigences.

L'application de la méthode Hué s'avère aussi très utile en d'autres situations, dans le monde commercial par exemple, que vous soyez vendeur ou acheteur, et dans les milieux de travail.

Le charme de la voix

Pour réussir à suggestionner les autres, il est important de parler d'un ton clair, sûr et à voix basse.
Il est possible de parler d'un ton assuré, même en murmurant. En vous adressant à votre interlocuteur, scandez toujours bien les mots; vous devez toujours transmettre une impression de sécurité. Vous découvrirez quelle est la bonne qualité de votre voix, celle qui convient pour suggestionner, en essayant d'utiliser différentes tonalités sur les personnes qui vous entourent et en étudiant celles qui ont eu le plus de force en diverses occasions.
Quand vous aurez découvert votre meilleur timbre de voix, le plus efficace en toute situation, vous l'utiliserez à bon escient, à votre avantage.

La tonalité de la voix

Au cours de la communication verbale, on peut utiliser différentes tonalités de voix :
— haute (aiguë, brillante, impérative);
— normale (agréable, tranquille);
— basse (monocorde, lente, lancinante).

La première tonalité est rarement utilisée, seulement dans

des cas qui demandent une attitude impérative envers la personne à laquelle on parle; vous pouvez prendre ce type de voix avec des sujets au caractère fort et impétueux.
Vous pouvez prendre la seconde tonalité de voix avec des personnes qui vous semblent au contraire tranquilles et sans volonté particulièrement affirmée.
La troisième, en général la plus efficace, est utilisée dans les circonstances délicates, quand il faut exercer son magnétisme sur un sujet qui, sous une apparence impassible, semble en fait très fort psychologiquement et capable de résister à vos signaux.

Exercice 27
(Pour apprendre à utiliser la bonne tonalité de voix)

Pour la première tonalité de voix, vous pouvez effectuer l'exercice suivant: choisissez parmi vos relations une personne avec laquelle vous n'avez jamais eu l'occasion de vous comporter de façon impérieuse, et, sans préalable, donnez-lui un ordre sèchement, en adoptant une tonalité différente de celle que vous avez habituellement, beaucoup plus haute.
Au début, l'interlocuteur rougira, puis il aura ensuite une sensation de froid; au cours de l'exercice, faites bien attention au fait que votre regard doit rester toujours doux et ferme; vous ne devez en aucun cas changer de tonalité de voix et moins encore, abaisser votre regard, même un instant.
A propos de la seconde tonalité de voix, le seul exercice possible est de parler tranquillement pendant une ou deux heures d'affilée avec différentes personnes, en vous efforçant de ne jamais modifier, quoi qu'il arrive, votre tonalité; n'oubliez jamais de regarder votre interlocuteur fixement dans les yeux.

Pour la dernière tonalité, particulièrement indiquée quand le sujet montre une certaine résistance à vos ordres, rappelez-vous toujours que la force de certains sujets provient directement de leur force d'esprit et de leur volonté rationnelle; en ce cas, il vous faut éviter le plus possible leur défense.

L'exercice consiste donc à lasser le sujet, en dirigeant vos paroles directement à son inconscient. Essayez d'inviter le sujet à s'asseoir à table avec vous, au bar, au restaurant, et, après lui avoir parlé de tout et de rien en utilisant différentes tonalités de voix, vérifiez qu'il est calme et tranquille. A partir de ce moment-là, sans que votre interlocuteur s'en aperçoive, votre voix ne changera plus de tonalité mais restera paisible et lancinante; elle sera de plus en plus basse, jusqu'à devenir imperceptible. Cependant, cette opération demande du temps. Si vous avez tout exécuté correctement, vous verrez qu'à la fin de la conversation, votre interlocuteur inébranlable ne demandera qu'à vous écouter et suivre ce que vous lui direz (pour perfectionner cette technique, voir la méthode expliquée dans l'exercice 26).

Le pouvoir du regard

Le regard est une source importante de force psychique et il joue un rôle d'une extrême importance dans le magnétisme.

Tout le monde regarde, tout le monde observe et tout le monde examine mais les yeux n'ont pas tous le même pouvoir rayonnant. Si vos yeux sont privés de capacité d'attraction, n'ayant aucune force magnétique, vous devez vous mettre à l'ouvrage pour acquérir ce pouvoir.

Dans *La Force pensée*, W.W. Atkinson écrit: "De tous les moyens dont l'homme dispose pour influencer les autres, le regard est sans aucun doute le plus important.

Il sert non seulement à attirer l'attention des personnes avec lesquelles on converse, et donc à faciliter l'influence que l'on exerce sur elles, mais il détient une force propre qui peut agir directement sur l'interlocuteur quand elle est bien comprise et bien dirigée".

Il attire, il fascine et il subjugue, y compris ceux qui tendent à résister et à lutter.

L'œil magnétique dégage de la douceur, de la tranquillité, de la noblesse et de la bonté. Le regard magnétique se pose doucement sur les autres, il les suit d'une sollicitude prévenante; il dissimule une force puissante, toujours prête à passer à l'action, mais il s'agit d'une force généreuse et bienveillante.

Le visage d'une personne magnétique inspire la confiance car il est rayonnant d'un calme olympien: la sérénité du visage est la projection de la sérénité de l'esprit.

La noblesse exprimée est un signe évident de la noblesse de l'âme.

L'intelligence perçoit rapidement et un optimisme confiant règne sur le regard.

Pour avoir un regard au pouvoir suggestif, habituez-vous à regarder entre les deux yeux les personnes auxquelles vous parlez, quels que soient le moment et le lieu de la rencontre; de cette façon, vous pourrez mieux comprendre leur caractère, en embrassant leur physionomie toute entière. Si vous vous trouvez derrière la personne que vous voulez suggestionner, fixez sa nuque, dans la région du cervelet. Vous parviendrez même à lire dans les pensées des sujets grâce aux changements de leurs expressions. Vous vous apercevrez que, bien vite, ils abaisseront les yeux quand vous les regarderez à cet endroit. Vos amis commenceront à parler entre eux du changement de votre regard; certains diront: "Quel regard pénétrant! Quels yeux étranges! Quels yeux fascinants"! Mais ne vous arrêtez pas à leurs observations; ignorez-les en silence.

Entraînez-vous continuellement avec tous ceux que vous rencontrez. Selon les différents comportements, on peut réussir immédiatement, en peu de temps ou après plusieurs mois. En vous entraînant ainsi, vous découvrirez toute l'importance du regard et de l'œil fascinateur qui fixe obstinément.

On peut aussi regarder sans émettre d'énergie oculaire, mais l'attention et la concentration mentale prolongées provoquent à la longue des émissions d'une force qui, par le regard, envahit à coup sûr le sujet fixé. Par le biais des thalamus optiques, une force rayonne à partir de la substance cérébrale.

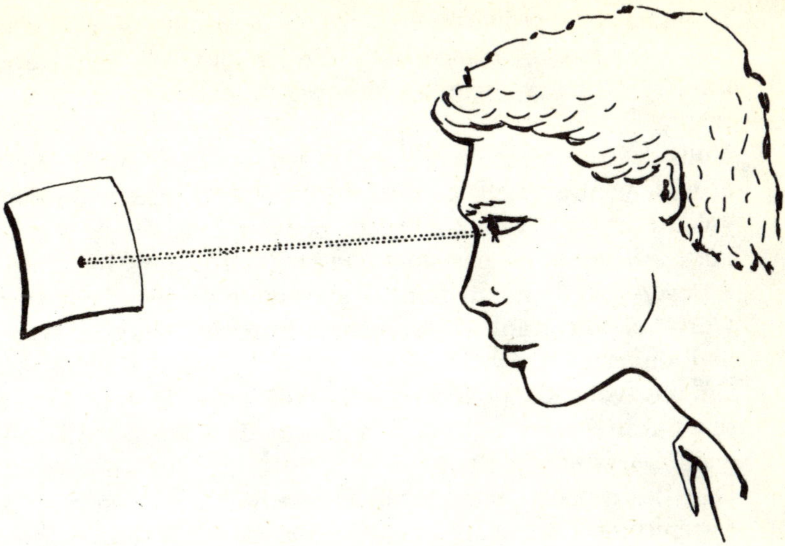

Figure 15. Exercice pour augmenter le magnétisme du regard

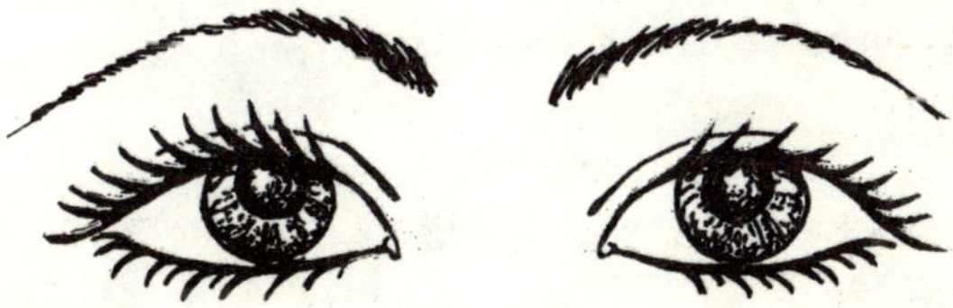

Figure 16. Le regard magnétique

EXERCICE 28
(POUR AUGMENTER LE MAGNÉTISME DU REGARD)

Pour développer la force de votre regard magnétique, procurez-vous un carton blanc et dessinez au centre un point noir. Placez le panneau à la hauteur de vos yeux et fixez intensément le point, en essayant de ne pas battre des yeux. Nadoptez pas un regard halluciné car l'exercice s'avérerait inutile : un tel regard n'accrocherait absolument pas dans la réalité.

Vous devez réussir à avoir un regard doux et limpide, franc et nullement agressif; ce regard doit être le vecteur de votre volonté. Avant d'émettre votre pouvoir magnétique sur les autres, il est utile que vous vous regardiez dans un miroir. Asseyez-vous dans un fauteuil devant le miroir, fixez votre visage en dirigeant votre regard entre les deux yeux, en haut du nez (voir fig. 15).

Efforcez-vous de donner à tous vos traits le reflet de la sérénité intérieure qui est à la source de votre pouvoir magnétique (voir fig. 16).

Dans les rapports interpersonnels, la fonction du regard est extrêmement importante dans la mesure où il sert à établir entre votre esprit et celui de votre interlocuteur un champ de force magnétique qui vous donnera un grand pouvoir de suggestion (voir fig. 17).

Figure 17. Champ de force magnétique créé par le regard

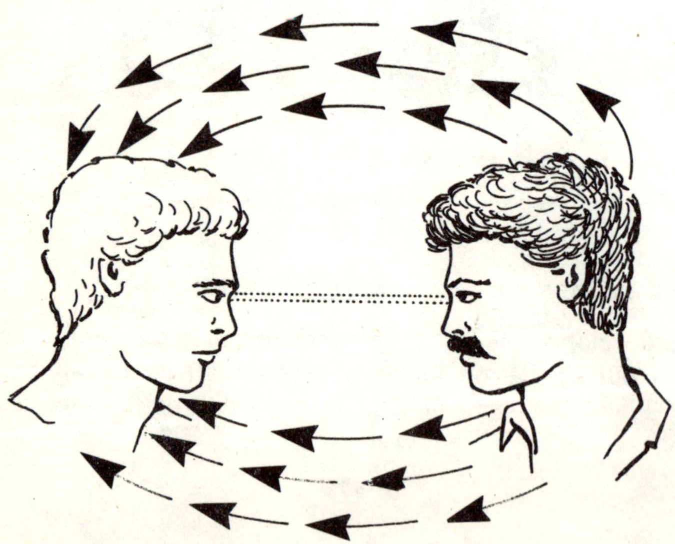

Les gestes et le magnétisme

Depuis que le monde est monde, la mimique a toujours eu un rôle important dans les communications humaines. Elle a donc aussi une importance fondamentale dans le magnétisme. Apprenez à vous comporter calmement et tranquillement devant les autres, en évitant les gestes brusques et impulsifs; vous vous rendrez compte de vous-même que vos ordres sont beaucoup plus efficaces quand des gestes tempérés les accompagnent. Pour effectuer habilement ces mouvements, vous devez avoir une certaine confiance en vous, chose que vous ne pourrez obtenir qu'après une période d'entraînement qui vous permettra d'avoir une grande familiarité avec vos gestes et une grande conscience de vos mouvements.

EXERCICE 29
(POUR CONTRÔLER SES PROPRES MOUVEMENTS)

Placez-vous devant un miroir et commencez à lui donner des ordres mentaux, comme si la personne qui est devant vous était vraiment une personne que vous voulez suggestionner. Analysez les moindres détails, les moindres mouvements de mains que vous effectuez lorsque vous prononcez les ordres, jusqu'à ce que vous soyez en mesure de déceler et d'améliorer les plus insignifiantes imperfections de vos gestes. Imaginez que c'est vous-même qui devez percevoir vos ordres. Vous découvrirez ainsi les erreurs les plus infimes et ce que vous devez changer pour que vos suggestions atteignent l'efficacité la plus complète. Essayez sans vous lasser différents types de mouvements, jusqu'à ce que vous trouviez ceux qui vous semblent à même de donner le résultat le meilleur.

Persévérez, soyez obstiné si nécessaire, et vous verrez que le succès ne sera pas long à venir. Vous ne devez absolument pas vous décourager devant les premières difficultés; elles sont inévitables. Souvenez-vous au contraire que si vous avez des difficultés à effectuer ces exercices, cela signifie que vous avez besoin de développer et de perfectionner des facultés restées inutilisées pendant trop longtemps. Vérifiez bien aussi que vos gestes soient lents et sûrs, sans aucune hésitation : si vous voulez vraiment que vos suggestions aient un effet certain sur les personnes sur lesquelles vous vous exercez, vous devez d'abord faire en sorte qu'elles aient un effet certain sur vous-même.

Essayez d'être le plus objectif possible en analysant votre attitude quand vous donnez des suggestions : si elles ont un effet certain sur vous-même, elles auront de bonnes possibilités de succès sur les autres.

La concentration

Pour développer ses facultés magnétiques, il est indispensable de ne pas laisser divaguer l'esprit et de ne pas se laisser distraire par d'autres idées.
Adoptez la devise latine: "Fais ce que tu fais", sans penser à rien d'autre, sans laisser les idées se disperser: toute action absorbe notre pensée et chacune de nos pensées entraîne une certaine consommation d'énergie. Si vous canalisez toute votre force sur un seul acte, votre volonté dominera votre cerveau. Voilà une série d'exercices pour vous habituer à la concentration.

Exercice 30
(Pour renforcer la capacité de concentration)

Fabriquez un collier avec cent perles ou plus, en prenant soin de garder un petit espace entre elles, de façon que les graines glissent librement le long de la ficelle. Après avoir noué les deux bouts de la ficelle, comptez les graines en les faisant glisser doucement de droite à gauche. Concentrez votre attention sur ce que vous faites, sans vous laisser distraire par ce qui se passe autour de vous. Efforcez-vous de déplacer le plus grand nombre de perles en un temps prédéterminé, car moins vous vous laisserez distraire, plus vous réussirez à compter de perles.

Exercice 31
(Pour renforcer la capacité de concentration)

Asseyez-vous confortablement dans un fauteuil, posez la main fermée sur l'accoudoir à l'exception de l'index. Levez et abaissez le doigt, dix, quinze, vingt fois. Il est important de ne jamais détacher l'attention du doigt en question. Augmentez progressivement la durée de l'exercice.

Exercice 32
(Pour renforcer la capacité de concentration)

Prêtez toute votre attention au tic-tac de votre réveil et concentrez-vous sur le bruit qu'il fait. N'ayez rien d'autre à l'esprit que la sensation de ce bruit.

Exercice 33
(Pour renforcer la capacité de concentration)

Tracez mentalement et sans arrêt le symbole mathématique de l'infini, semblable à un huit couché (∞).
Imaginez ce signe agrandi et luminescent sur fond noir; sans vous déconcentrer, suivez lentement sa courbe de façon continue.

Le diagramme Tantra ou Mandala

Pour conquérir l'harmonie intérieure, les Tibétains utilisent le *Mandala*, un cercle magique communiquant avec les niveaux cosmiques; c'est un excellent instrument de méditation et de concentration.

Les diagrammes explicatifs (voir fig. 18), proposent quelques exemples de cette forme symbolique du *Tantrisme*; ce sont des archétypes (schémas universels d'intuition et de pensée qui apparaissent comme des représentations dans les rêves et les mythes religieux). Ils furent redécouverts au début du siècle par des artistes comme Kandinsky, Paul Klee et d'autres qui, dans leur recherche des connexions profondes entre l'homme et le monde, se dirigèrent vers la forme abstraite. Le mérite de la redécouverte de la signification du Mandala dans son intégralité revient au célèbre psychanalyste Carl Gustav Jung. Il écrivit: "Des choses qui remontent très loin dans l'histoire de l'humanité, comme le Mandala, sont des contacts non naturels avec les strates les plus profondes de l'inconscient et elles peuvent le comprendre, là où le langage conscient s'avère complètement impuissant".

Au niveau thérapeutique, Jung conseillait à certains patients de dessiner des Mandala pour arriver à une meilleure conscience de soi et à un équilibre psychophysique plus stable; le psychanalyste lui-même en dessina de précieux.

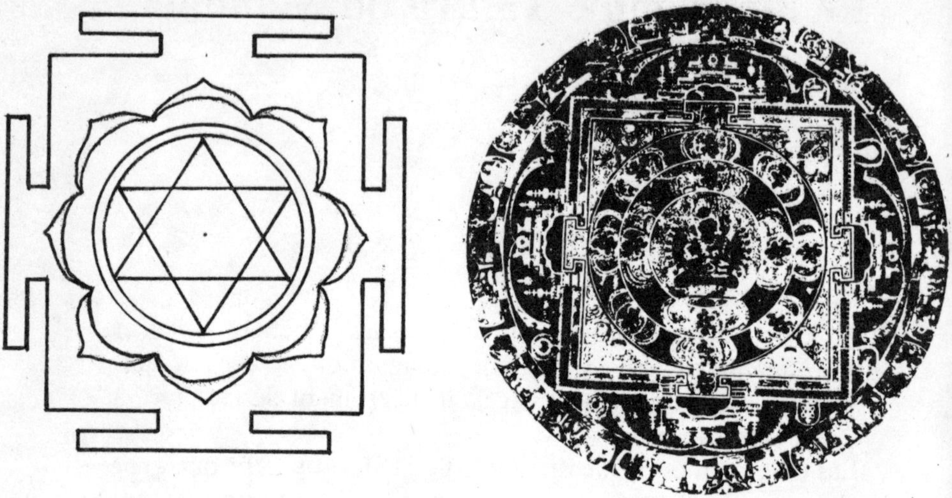

Figure 18. Mandala

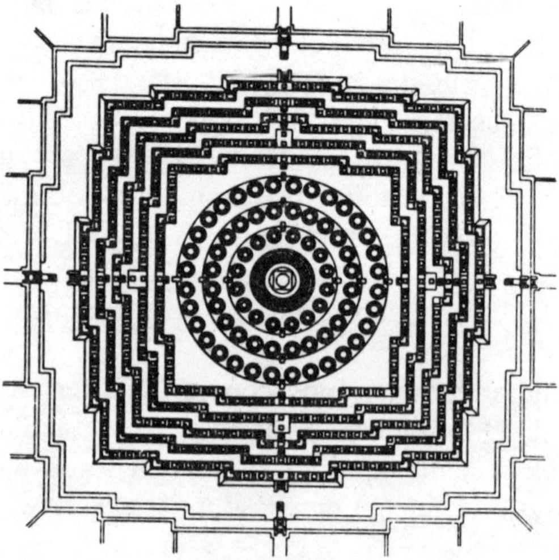

En suivant les conseils de Jung nous pouvons nous aussi nous mettre à l'épreuve et faire l'expérience, en nous servant des schémas reproduits.

Exercice 34
(Le Mandala comme instrument de méditation)

Procurez-vous un petit carton de forme carrée, des crayons de couleurs ou des pinceaux et des tubes de peinture de vos couleurs préférées; armé de patience et de bonne volonté, mettez-vous à l'ouvrage.
Commencez par des dessins géométriques très simples; quand vous serez plus sûr de vous, lancez-vous dans des formes plus élaborées.
Ne vous laissez pas tromper par la hâte et par l'envie de finir le travail; relaxez-vous et concentrez-vous sur ce que vous faites (c'est aussi un bon système pour se discipliner soi-même).
Pour mieux expliquer comment faire, il nous faut rappeler que les Mandala, dessinés en des temps très anciens par des prêtres indiens, servaient à atteindre un état de libération spirituelle. Le créateur de ce diagramme antique cherchait à rendre visible le divin.
Les symboles de base sont le cercle qui représente le soi, le carré qui symbolise la terre et le concret, le triangle au sommet vers le haut qui représente le feu, c'est-à-dire le principe mâle, et le triangle avec le sommet vers le bas qui symbolise l'eau, le principe féminin.
L'union des deux triangles est le symbole de l'union universelle.
Il est important de respecter la symétrie; le dessin doit être parfaitement identique sur tous ses côtés.
Pour ce faire, séparez le panneau en quatre parties (voir fig. 19). En partant du point d'intersection des deux lignes,

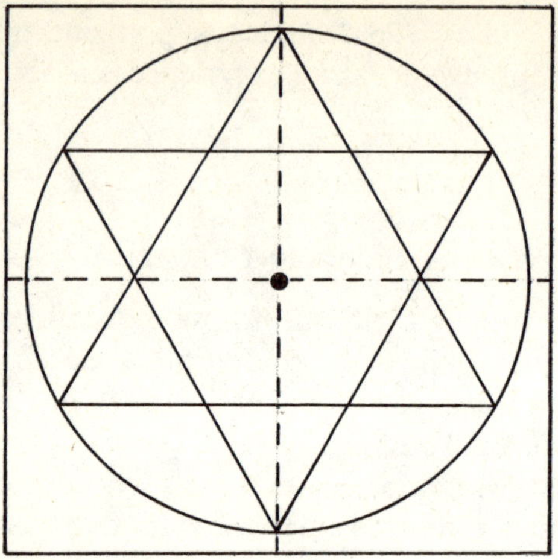

Figure 19. Schéma géométrique de base des Mandala

au centre de la feuille, commencez votre travail dans la première section et reproduisez le dessin symétriquement dans les trois autres parties, de façon que le dessin final soit parfaitement symétrique dans tous ses détails.

En partant toujours du centre et en suivant les points cardinaux continuez peu à peu vers l'extérieur. Finissez le dessin et, après l'avoir colorié, vous pouvez passer à l'utilisation pratique du Mandala.

Dans la solitude de votre chambre, observez le carton, fixez votre attention sur ses contours; en allant de l'extérieur vers l'intérieur, suivez ses volutes en concentrant votre esprit sur les lignes courbes du dessin, les variations du trait qui se courbe, s'élargit et s'amincit, pour canaliser enfin votre esprit vers le centre, vers l'unité.

Libérez-vous de vos complexes

Les désirs inassouvis, les impulsions réprimées, les peurs, les irritations, les tensions, les problèmes non résolus sont refoulés dans l'inconscient: une zone de l'esprit que Freud a comparée à un iceberg. Une partie de cette masse constitue l'inconscient, que Jung a défini comme une espèce d'épiderme flottant sous le conscient.

Un des élèves de Freud, Adler, a affirmé qu'il se trouve toujours un complexe d'infériorité à l'origine d'un conflit de type névrotique. On dit qu'une personne est complexée quand elle montre un déséquilibre exagéré, quand elle a des incertitudes et des inhibitions qui enlèvent à son comportement tout naturel et toute spontanéité, quand elle rougit facilement, change souvent d'humeur, ou se montre hésitante devant la décision la plus simple. Par le mot “complexe”, Freud a voulu représenter les situations de conflits qui remontent à l'enfance et qui, refusées par le conscient, s'extériorisent à un âge plus avancé.

Le développement harmonieux de la personnalité humaine est important, et il doit être entrepris dès l'enfance. C'est le devoir des parents et plus tard, celui de l'école, Adler écrit: “Prendre un enfant au sérieux, c'est le considérer comme un être qui a la même valeur qu'un adulte, ne pas l'humilier, ne pas se moquer de lui perpétuellement, ne pas le regarder comme un être ridicule, car l'enfant sent ces expressions des autres d'une manière très forte. Il les ressent ainsi parce qu'il est plus faible, plus sensible et qu'il sent les choses autrement qu'un adulte confiant dans une force spirituelle et physique supérieure".

Si l'enfant ne trouve pas, en grandissant, un milieu adapté qui reconnaît son besoin d'aimer, d'être libre et de se mettre en valeur, il risque de souffrir d'un sentiment d'infériorité qui fera de lui un complexé, et donc un anxieux.

Toujours selon Adler, deux éléments fondamentaux interviennent dans la formation de l'être.

Pour l'optimiste, le sentiment d'infériorité est considéré comme une incitation à l'action.

Par sa nature, l'enfant tend comme l'homme à s'affirmer et à progresser; il cherche donc un appui dans le monde extérieur. Le pessimiste, étouffé au cours de son enfance, et donc réprimé, utilise lui aussi toutes ses énergies pour s'imposer à l'attention des autres.

Comme l'optimiste, le pessimiste essaie de s'affirmer. Mais, alors que pour l'optimiste, ce désir de puissance se concrétise par la construction de quelque chose de positif, le pessimiste tend au contraire à trouver des satisfactions dans des compensations imaginaires et à se perdre dans des illusions inutiles.

S'il est mal orienté, l'optimiste peut prendre des attitudes agressives; il peut être dominé par des désirs de vengeance, de vanité, de haine ou d'ambitions démesurées.

Au contraire, le pessimiste reste toujours sur la défensive, s'enfuit devant les difficultés et évite tout contact.

Le timide a une volonté faible: n'importe quelle difficulté l'effraie; il n'agit pas par peur de l'échec ou de l'erreur. Pourtant, mieux vaut un échec dû à une forte volonté que la non-vie qui résulte de l'incertitude ou de l'incapacité d'agir. Même l'échec peut être profitable et servir à déclencher une secousse énergique et salutaire.

Apprenez à vouloir être fort et vous saurez en peu de temps être actif et énergique. Ne craignez pas les difficultés, on ne peut pas les éviter; voyez en elles un moyen efficace d'éduquer votre volonté. Les choses faciles ne contraignent pas à l'effort et elles laissent l'individu dans une inaction qui à la longue s'avère infructueuse; les difficultés sollicitent au contraire de nouvelles activités et des tentatives différentes. Ne dites jamais: "C'est impossible". Rien n'est impossible dans ce monde; une initiative peut en entraîner une autre, une décision peut en déterminer une autre. Adoptons la devise d'A. Manzoni: "A tous les niveaux, difficile veut toujours dire possible".

Dans ces situations, il vaut mieux être obstiné et vaincre les peurs qui paralysent l'action plutôt que de vivre dans l'inertie et la lâcheté.

Il est d'une importance vitale de sortir de soi-même, de se débarrasser une bonne fois pour toutes de ses angoisses et de ses peurs pour devenir une personne autonome; il ne faut pas être prisonnier de soi-même et de ses suggestions négatives: libérez-vous de vos fantasmes intérieurs.

Exercice 35
(Pour être plus sûr de soi)

Répétez une ou plusieurs fois par jour les phrases suivantes, d'un ton sûr et convaincu: "Je suis fort, je suis fort, je suis en train de corriger ma timidité, je ne suis inférieur à personne. Je ne suis pas emprunté; j'agirai avec désinvolture quelles que soient les occasions qui se présenteront à moi aujourd'hui. Les autres ne me font pas peur".

Répétez ces phrases le soir, avant de vous endormir, pour que ces messages dictés à votre inconscient agissent efficacement pendant le sommeil. Repoussez tout sentiment de manque de confiance nuisible au succès.

Les névroses

Les névroses représentent aujourd'hui un problème considérable à cause de leur ample diffusion, et pourraient constituer un sérieux obstacle à la réussite de votre magnétisme.
Il est nécessaire de distinguer les névroses des psychoses, même si ce n'est pas toujours possible dans la pratique car des mécanismes psychopathologiques de type névrotique et de type psychotique peuvent en effet se manifester en même temps chez la même personne.
Les psychoses, comme la schizophrénie, la paranoïa ou la mélancolie, sont des maladies beaucoup plus graves que les névroses, et elles empêchent souvent l'adaptation sociale du malade.
En cas de psychose, le rapport émotif du sujet avec le milieu environnant est très altéré; il en découle l'incapacité d'évaluer clairement les faits. On se trouve alors en présence d'une forte régression de toute la vie affective et intellectuelle.
Les névroses peuvent être de différents types, chacun d'eux engendrant certains troubles de l'adaptation.

Névrose hystérique

Le malade tend à somatiser ses maux au niveau neuro-

végétatif. En 1895, Freud en étudia un cas et publia sa première œuvre psychanalytique; les travaux de Charcot sur l'hystérie sont également importants.
La personnalité du sujet hystérique est très suggestible et le sujet tend à manifester ses émotions de façon très théâtrale.

Névrose anxieuse

L'anxiété est à la base de toutes les névroses, lesquelles ont une incidence sur toutes les maladies organiques.

Neurasthénie

Il s'agit d'une véritable dépression physique et mentale qui s'accompagne de troubles neuro-végétatifs et d'irritabilité.

Névrose phobique

En ce cas, l'angoisse ne se manifeste que lorsque la personne affectée se trouve dans une situation conjoncturelle précise; la peur de marcher dans la rue au milieu des autres ou le besoin constant de se cacher au regard d'autrui sont des exemples de la névrose phobique.

Névrose obsessionnelle

Le malade a des idées fixes, absurdes, apparemment injustifiées; il se rend compte de la chose mais il est incapable de les éliminer. Il lui arrive aussi d'accomplir des actes sans motifs plausibles, par exemple, se laver perpétuellement les mains sans raison.

Troubles caractériels

Il s'agit de déviations particulières du comportement normal de l'individu; par exemple, la générosité ou l'avarice excessives. Ces troubles naissent d'une situation conflictuelle inconsciente. Le conflit peut naître entre l'individu et son milieu ou entre l'individu et ses réactions instinctives; il peut aussi provenir d'une habitude de comportement ou d'une névrose émotive née au cours de l'enfance.
Selon Freud, les névroses seraient une régression à des phases déjà dépassées du développement émotif instinctuel.
Quels sont les troubles les plus communs aux névroses?

a) *l'angoisse*: elle peut se présenter sous la forme du doute, de l'incertitude ou de la peur de quelque chose d'imprécis; elle peut se manifester par un état d'inquiétude, d'agitation physique ou encore de tension intérieure;

b) *l'asthénie*: c'est une sensation de fatigue démesurée par rapport à la quantité d'énergie physique et psychique réellement dépensée;

c) *la dépression*: c'est un état psychologique dont nous parlerons plus tard; il provoque un sentiment d'incapacité à vivre normalement.

Comment peut-on guérir?
Par la psychanalyse ou grâce aux psycholeptiques, mais ces derniers ne soignent pas les causes qui ont provoqué le mal.

La dépression

Pour pouvoir exprimer au mieux vos capacités magnétiques, vous devez vaincre un ennemi sournois: l'état dépressif.
Le déprimé est triste et son comportement craintif; il prend tous les aspects de la vie de façon pessimiste, il n'a aucune confiance et rien ne l'intéresse.
De nouvelles craintes s'ajoutent aux angoisses et aux préoccupations anciennes; le malade tend à interpréter de façon inexacte la réalité. La volonté est inexistante et les décisions sont incertaines et tardives. La psychiatrie a toujours considéré la dépression comme un rapport douloureux avec la vie.
Il y a de nombreuses années, les neurophysiologues ont découvert la présence dans notre cerveau de substances matérielles, dites "endomorphines" qui permettent le plaisir en luttant contre la douleur.
Un manque d'endomorphines entraîne la dépression et une résistance moindre à la douleur et aux contrariétés de la vie.
Un psychiatre français, Daniel Lagache, parle de quelques routes à suivre pour sortir d'un état de dépression.

1. Il est nécessaire de supporter ses propres tensions et ses difficultés émotives qui ne doivent pas être évitées mais acceptées.

2. Il est nécessaire d'essayer de manifester pleinement sa

propre personnalité en essayant de réduire les facteurs d'inhibition.

3. Il est nécessaire de réussir à organiser sa propre vie, sans se laisser déranger de façon exagérée par des contretemps et des difficultés imprévus.

4. Il convient de s'efforcer d'entrer en syntonie et de s'adapter aux instances du milieu environnant.

5. Il faut essayer d'instaurer un rapport harmonieux avec les autres.

Comme traitement, on redécouvre aujourd'hui la musicothérapie, c'est-à-dire les soins par la musique qui tonifient le système nerveux. L'effet bienfaisant de la musique sur les troubles psychiques était déjà connu dans l'Antiquité; il suffit de penser au roi biblique Saül. Lorsque l'esprit malin de la tristesse l'envahissait, il lui suffisait d'écouter la douce harmonie de la harpe de David.
"En écoutant ces sons, le malheureux souverain sentait que la tempête qui agitait son âme se calmait".
Platon lui-même disait que la musique avait été donnée par les dieux pour apaiser les tempêtes de l'âme et les mouvements exagérés du corps.
La *Danse hongroise* de Brahms et le *Chant du printemps* de Mendelssohn sont utilisés de façon efficace pour soigner les dépressions nerveuses.

Exercice 36
(Pour combattre la dépression)

Quand vous sentez qu'une crise dépressive est sur le point de se manifester, asseyez-vous dans un fauteuil, effectuez les exercices de relaxation qui sont indiqués dans le chapitre relatif à la question et respirez profondément.

Comme fond musical, mettez une des musiques indiquées ci-avant, et commandez-vous cet ordre à voix basse: “Je suis calme, je respire bien, mes troubles diminuent peu à peu”.
Répétez vingt fois cette affirmation.
Vous verrez que l’idée de bien-être germera peu à peu dans votre esprit.
Il est important de persévérer et de ne pas croire que répéter une phrase pendant une semaine suffit pour guérir et voir la vie en rose.

L'émotivité

Parmi tous les facteurs qui peuvent conduire à l'échec, l'émotivité a une importance particulière.
Nous avons tous un caractère naturel qui peut changer et nous sommes sujets aux sautes d'humeur; il est fréquent, au cours d'une journée que nous nous laissions abattre par des émotions et des sentiments contraires. Pour rester maître de soi-même et de ses sentiments, la condition sine qua non est de posséder un bon équilibre et d'être capable de demeurer impertubable face aux événements.
Les événements négatifs, les contrariétés soudaines, les mauvaises nouvelles, le comportement désagréable des personnes qui nous entourent, les échecs peuvent menacer notre équilibre intérieur et nous faire perdre notre calme.
Une émotion forte fait se contracter les traits du visage qui se congestionne ou pâlit; elle peut aussi faire trembler, donner la chair de poule.
Dans la mécanique de l'émotivité, on rencontre des phénomènes organiques de tout type: le rythme cardiaque augmente ou diminue; comme la digestion et le tonus musculaire, la respiration peut se trouver altérée; on assiste à une augmentation de la tension artérielle et à une multiplication des globules rouges; les glandes endocrines augmentent leur sécrétion.
Quand on est aux prises avec une intense émotion intérieure,

pour éviter les conséquences des réactions instinctives, c'est-à-dire hors du contrôle de la volonté, qui pourraient être nuisibles, on ne peut la contrôler que d'une façon : se taire, réfléchir et s'autosuggestionner.

Essayez de ne pas vous agiter et éloignez de votre esprit l'élément perturbateur qui a déchaîné votre réaction imprévue; n'écoutez pas votre première impulsion.

Si vous êtes sur le point de perdre votre calme, ne vous mettez pas en colère, n'éclatez pas tout d'un coup en élevant la voix ou en vous lançant dans des discussions pénibles; vous prendriez le risque de dire des choses qui pourraient vous nuire. Tout d'abord, contraignez-vous à vous auto-contrôler.

En évitant la pensée émotive et en portant votre attention sur un autre sujet, vous éloignerez le problème de votre esprit et vous n'aurez plus l'occasion de penser à la cause de votre irritation.

Pendant ce temps, votre émotion aura diminué et vous pourrez alors avoir recours à l'autosuggestion en répétant, selon la pratique habituelle, cette phrase : "Ma contrariété n'est en fin de compte qu'une bagatelle, il est inutile d'exagérer les choses; il serait ridicule de se mortifier pour une chose tout compte fait banale. Je suis calme et je peux sourire de cette difficulté momentanée".

Une fois la première réaction passée, en examinant plus sereinement ce qui s'est passé, vous vous rendrez compte qu'il ne valait pas la peine de s'énerver autant, et vous réussirez peut-être à sourire de ce qui s'est passé.

Parfois pourtant, il se présente des motifs si graves qu'ils entraînent inévitablement une réponse immédiate. Dans ces cas, où il est difficile de rester calme, l'invitation à réfléchir et à savoir comment détourner l'obstacle est plus opportune que jamais. En vous dominant tout de suite et en temporisant, vous pourrez réfléchir calmement à l'idée pertubatrice et la dégager des détails sans importance. Même si vous êtes déprimé, occupez votre esprit grâce à une idée différente, agréable si possible; elle vous permettra de vous tenir prêt au démarrage et elle interdira au souvenir douloureux, à la préoccupation ou à la contrariété de germer en vous et de vous envahir.

Ne laissez pas vos pensées aller librement, cela pourrait vous déprimer, vous agiter de plus en plus et engendrer parfois une réaction impulsive immédiate et désagréable.

Substituez aux images négatives d'autres images qui sont pour vous agréables et gratifiantes.

Exercice 37
(Pour ne pas se laisser accabler par les difficultés)

En vous aidant éventuellement de la ficelle de la méthode Hué, répétez avec une force croissante cette pensée suggestive: "Tout bien réfléchi, mes contrariétés se réduisent à bien peu de choses. Je peux supporter mes préoccupations actuelles et les dépasser en acquérant la maîtrise de moi. Mes problèmes sont limités en fin de compte et je peux les dépasser tranquillement".

La maîtrise de soi

L'excitation peut engendrer la perte totale des forces psychiques.

Il est peu probable qu'une personne qui ne réussit pas à garder son calme en toute occasion puisse s'imposer positivement aux autres. L'image d'un individu agité, aux prises avec l'angoisse ou secoué par un tremblement nerveux, ne rend pas le contact avec les autres facile ou propice.

Acquérir un type de comportement qui donne une certaine imperturbabilité extérieure empêche vos énergies de se disperser et d'être vaines et rend plus évident votre ascendant sur les autres.

Il n'est pas facile de garder son calme, surtout quand les événements vous prennent à l'improviste ou quand vous êtes sans défense, complètement à découvert devant l'ennemi quel qu'il soit : une personne ou une situation donnée.

En vous prenant par surprise, l'imprévu brise le cours normal de votre vie psychique et provoque une rupture brusque de l'équilibre neuropsychique; vous vous trouvez tout à coup dans l'incapacité de vous adapter à un nouvel événement extérieur. Dans ce cas, il est nécessaire de ne pas montrer vos sentiments et vos émotions aux autres : c'est la règle fondamentale à respecter en de telles circonstances.

Ne laissez pas vos trépidations apparaître; cette espèce d'impassibilité, ce calme (au départ apparent et fictif car il vous

sera très difficile de vous dominer) vous seront bénéfiques car ils représentent la force.
Devant la dure réalité, une personne faible sait rarement se dominer et elle laisse deviner aux autres ses émotions, par l'expression de son visage, ses gestes et sa voix.
Les sautes d'humeur, les emportements, les propos irréfléchis ne résolvent en rien le problème; ils ne servent qu'à décharger votre tension et à fournir aux autres la preuve de votre infériorité; dans un tel cas, vous êtes l'instrument des autres et vous n'êtes pas maître de vous-même.
Par un effort de volonté, vous devrez surveiller surtout vos réactions.
Commencez par les petits actes quotidiens. La répétition, l'exercice, la persévérance de chaque jour finiront par faire croître la maitrise complète de vous-même qui vous soutiendra dans les moments difficiles de la vie.
Vous devez vous contrôler de façon à ne pas laisser transparaître vos émotions de tristesse, d'impatience et de colère, pas plus par vos gestes que par vos réactions verbales ou votre visage qui peut parler pour vous.
Habituez-vous à contrôler vos émotions; quel que soit votre état d'âme, ayez toujours le visage souriant, car il est possible, grâce au sourire, de cacher ses faiblesses et de garder la paix intérieure.
Avant de vaincre les autres, vous devrez vaincre votre Moi qui est l'ennemi le plus obstiné et le plus sournois. Vous devez lutter intérieurement pour dépasser vos états d'âme déprimés et pour instaurer en vous des sentiments positifs. Quand vous serez sûr d'avoir acquis un état d'âme serein et que vous l'aurez laissé s'épanouir, par autosuggestion intime, vous serez enfin certain de votre potentiel de force psychique.
En agissant ainsi, vous parviendrez à acquérir le magnétisme qui vous donnera de l'ascendant sur les autres.

Exercice 38
(Pour accroître la force intérieure)

Répétez chaque jour la formule suivante : "Je me rends compte que ma tranquillité et ma force se consolident chaque jour davantage. Désormais mon calme extérieur se renforce; je suis calme et serein".

La valeur de l'amitié

U. Foscolo disait qu'il y a sept types d'amitié: du cœur, de l'esprit, de la compagnie, de la gentillesse, de la connaissance, de la diplomatie et du chapeau.
Il recommandait de chercher l'ami du cœur qui ressent un attachement sincère pour l'autre, sait pénétrer dans son âme et en connaît l'intimité, les désirs et les aspirations, capable enfin de l'influencer positivement, en lui donnant le courage et la sérénité.
L'ami de l'esprit, cultivé, intelligent, bon conseiller, sait par ses reproches et ses compliments évaluer justement la personnalité: il offre son image à imiter.
L'ami de compagnie est plein de bonne volonté et d'intérêt; il sait multiplier nos sensations et communiquer et transmettre sa mentalité.
L'ami de gentillesse est prêt à venir nous aider avec courtoisie, maturité et bonté.
Le poète conseillait d'accepter ces quatre types d'amitié et d'écarter les autres.
Gardez toujours à l'esprit cette affirmation de Foscolo. Soyez pour vos amis l'ami du cœur, de l'esprit, de la bonne compagnie et de la gentillesse: vous serez toujours, en toute occasion, apprécié car vous connaissez le secret de la véritable amitié.
Quand une ombre plane sur vos rapports, avant de parler,

il est nécessaire de réfléchir à ce que vous allez dire car des phrases prononcées au hasard peuvent avoir des effets nuisibles.
Un seul mot peut cimenter ou détruire une amitié.
Dans sa grande sagesse, P. Metastase disait: “Il ne sert à rien de vouloir rattraper un mot sorti de l’âme; on ne peut pas retenir la flèche que l’arc a déjà tirée”.
Il convient de méditer avant d’ouvrir la bouche. N’oubliez pas qu’une forme de magnétisme, quelle qu’elle soit, ne doit jamais être imposée aux autres de façon brutale, cruelle ou autoritaire. Pour avoir un charme personnel, de la bienveillance et un certain charisme sur ceux qui vous entourent, il faut posséder beaucoup de calme, de gentillesse et de fraternité: vous donnerez alors aux autres un peu de la grande énergie, de la sérénité et de la force intérieure qui vous habitent.

Conclusion

Pour conclure ce livre, nous désirons attirer votre attention sur un fait très important: la culture psychique est une discipline concrète, efficace et indispensable car elle permet à l'âme humaine de se perfectionner.

Pour avoir de l'influence sur les autres, il est nécessaire d'effectuer une forte synthèse personnelle.

En vous donnant une discipline et en la pratiquant assidûment, vous acquerrez une santé mentale qui se reflétera sur votre santé physique; utilisez toutes vos ressources et toutes vos énergies, vous obtiendrez prestige et influence.

Si vous avez suivi pas à pas notre méthode, vous devriez déjà constater en vous une nette amélioration.

Nous vous conseillons de continuer à pratiquer les exercices et les autosuggestions et à surveiller perpétuellement votre sphère mentale. Ainsi votre personnalité acquerra un relief supérieur et plus d'influence.

Au milieu de tous les hommes qui marchent dans la vie sans but précis, vous jouirez d'une parfaite maîtrise de vous et vous vous hisserez aux rangs supérieurs, laissant derrière vous une empreinte ineffaçable.

Ne soyez pas pressé; l'homme vraiment fort est tranquille, il est persévérant, réfléchi et tenace.

Un seul effort vous est demandé; il est synonyme de succès: persévérer.

Table des matières

Achevé d'imprimer
en février 1997
à Omegna (Vb), Italie, sur les presses
de Nuove Grafiche Artabano

Dépôt légal : février 1997
Numéro d'éditeur : 4748